本书获得国家社科基金项目"低碳制造下陶瓷供应链排放测度与控制研究"（项目编号：2017BJY008）、广东省高水平理工科大学建设项目（项目编号：2016GG040982）、广东省哲学社会科学规划基金项目"基于系统科学理论的粤港澳大湾区碳减排途径与政策协同研究"（项目编号：GD17CYJ08）资助

集成化视角下钢铁物流流程再造与应用

邹安全　刘　军　杨望成　陈宏武　著

中国财富出版社

图书在版编目（CIP）数据

集成化视角下钢铁物流流程再造与应用 / 邹安全等著 . —北京：中国财富
出版社，2017.11

ISBN 978 - 7 - 5047 - 3718 - 2

Ⅰ.①集… Ⅱ.①邹… Ⅲ.①钢铁企业—物流管理—业务流程—研究—中国
Ⅳ.①F426.31 ②F252

中国版本图书馆 CIP 数据核字（2017）第 279307 号

策划编辑 郑欣怡		**责任编辑** 邢有涛 杨 枭		
责任印制 石 雷		**责任校对** 杨小静		**责任发行** 敬 东

出版发行	中国财富出版社		
社　　址	北京市丰台区南四环西路 188 号 5 区 20 楼	**邮政编码**	100070
电　　话	010 - 52227588 转 2048/2028（发行部）		010 - 52227588 转 307（总编室）
	010 - 68589540（读者服务部）		010 - 52227588 转 305（质检部）
网　　址	http://www.cfpress.com.cn		
经　　销	新华书店		
印　　刷	北京京都六环印刷厂		
书　　号	ISBN 978 - 7 - 5047 - 3718 - 2 / F · 2855		
开　　本	710mm×1000mm　1/16	**版　　次**	2018 年 2 月第 1 版
印　　张	14.25	**印　　次**	2018 年 2 月第 1 次印刷
字　　数	233 千字	**定　　价**	56.00 元

序 一

自 20 世纪 90 年代初，迈克尔·哈默（Michael Hammer）和詹姆斯·钱皮（James Champy）提出业务流程再造理论后，此理论受到了国内外理论界和企业界的广泛关注，并兴起了相关研究和实践热潮。然而，对作为企业和供应链关键流程之一的物流流程的再造研究却较少。随着全球化竞争的加剧和信息技术的发展，围绕物流领域成本与效率的竞争将成为企业竞争的新焦点，很多企业已经认识到现代物流管理是"第三利润源"，而物流流程再造是现代物流管理的基础和重要内容。因此，对物流流程再造问题进行专题研究具有重要的理论和实践意义。

中国作为一个尚未完成工业化、城镇化的发展中国家，钢材需求由量变向质变转换。然而，我国钢铁企业物流的发展滞后于社会物流的发展，而且整体水平不高。因此，对钢铁企业物流流程再造、解决其分割式的物流管理问题，是钢铁企业在国内外市场赢得竞争优势的必要途径。但不同企业的物流运作方式各有特点，这就要求物流流程再造在实施过程中必须充分针对企业的具体情况，统筹好改善物流流程的基本环节与克服企业发展瓶颈之间的关系。尤其对于大型钢铁企业而言，这种统筹质量决定了物流流程再造水平。目前，这方面的研究还不够深入，但从发展趋势来看，钢铁企业物流控制系统、企业的生产制造与市场营销系统应当紧密结合，实现集成化运作。

邹安全博士等著的《集成化视角下钢铁物流流程再造与应用》系统地阐述了物流流程再造的基础理论与方法，探讨了集成化物流的运行机理与运作模式，比较深入地揭示并分析了钢铁企业物流流程再造需求的驱动力。在此基础上，紧密结合钢铁企业及其流程特点，提出了基于集成化物流的钢铁企业物流流程再造模式，运用系统动力学理论构建了订货系统动力学模型和分

1

销系统动力学模型，基于 Vensim 软件对订货策略和分销配送进行仿真分析，以湘潭钢铁集团公司为背景进行应用研究，在钢铁企业物流流程再造与优化的研究方面取得了创造性成果。

物流流程再造是一个值得持续关注的重要研究领域，该著作中的一些问题有待进一步深入研究，期望作者和读者共同探讨。

刘志学

2017 年 9 月于华中大喻园

序 二

  党的十八大以来，党中央国务院提出"实行供给侧改革、产业转型升级"是十三五时期经济发展的主线，是落实五大发展理念的内在要求和推动科学发展的重大举措，是适应全球需求结构重大变化、顺应我国经济社会发展新的阶段性特征的必然要求。加快转变经济发展方式，最根本的是要靠科技的力量，而最关键的是要大幅度提高自主创新能力，把增强自主创新能力作为战略基点，着力提升原始创新能力，大力增强集成创新和引进消化吸收再创新能力，积极构建完整的创新体系和现代产业体系。

  邹安全博士等著的《集成化视角下钢铁物流流程再造与应用》，系统地阐述了物流流程再造的基础理论与方法，探讨了集成化物流的运行机理，构建了集成化物流系统模型；以钢铁企业的供应、生产、分销三大流程为研究对象，比较深入地揭示并分析了钢铁企业物流流程再造需求特性，提出了集成化物流的钢铁企业物流流程再造模式，该模式在建龙钢铁实业有限公司等单位的具体应用，获得了较大的经济效益。

  本书研究所揭示的规律，对于加速我国钢铁企业的现代物流管理，指导我国流程型企业的发展，转变经济发展方式，提升企业的竞争力具有重要的理论意义和实践指导意义。

齐二石
2017 年 9 月

前　言

随着全球化竞争的加剧和信息技术的发展，围绕物流领域成本与效率的竞争将成为企业竞争的新焦点，成功的物流管理已成为企业的"第三利润源"，而物流流程再造是现代物流管理的基础和重要内容。因此，对物流流程再造问题进行专题研究具有重要的理论和实践意义。

中国作为一个尚未完成工业化、城镇化的发展中国家，钢材需求由量变向质变转换。然而，我国钢铁企业物流的发展滞后于社会物流的发展，而且整体水平不高。因此，对钢铁企业物流流程再造、解决其分割式的物流管理问题，是钢铁企业在国内外市场赢得竞争优势的必要途径。

本书以钢铁企业为例，深入分析了钢铁企业物流流程再造需求的驱动力，构建了企业集成化物流流程再造模型，运用系统动力学理论构建了订货系统动力学模型和分销系统动力学模型，并紧密结合企业业务流程的要求，为企业物流流程再造提供了具有理论意义和实践价值的可供借鉴的成果。

本书可供高等院校工业工程、物流工程和物流管理专业的本科生、研究生使用，也可供从事技术管理、质量管理、生产管理的工作人员参考。

作　者
2017 年 9 月

目　录

第 1 部分　理论篇

第2部分　实证研究篇

第 1 部分　理论篇

1 流程再造理论

1.1 企业流程再造理论概述

1993 年，迈克尔·哈默（Michael Hammer）和詹姆斯·钱皮（James Champy）出版了《企业再造》一书，认为 20 年来，没有一个管理思潮能将美国的竞争力倒转过来，而将流程再造称为"恢复美国竞争力的唯一途径"，并将"取代工业革命，使之进入再造革命的时代"。1995 年，詹姆斯·钱皮又出版了《再造管理》，提出应在新的企业运行空间条件下，改造原来的工作流程，以使企业更适应未来的生存发展空间。有学者［梅绍祖（James T C Teng），2000］对业务流程再造方法进行了系统的研究，提出了企业流程再造的综合方法和业务流程再造的生命周期法，并研究了业务流程再造对于组织结构的要求，为丰富和发展业务流程再造理论做出了重要贡献。此外，学者们以不同的视角对企业流程再造进行了系列的研究。

有学者［若弗里翁（Geoffrion），格雷夫斯（Graves），1994］利用混合整数规划建立了一个多产品的配销模型。该模型主要由工厂、仓储中心与顾客组成。工厂可以生产多样化的产品，并将这些产品运送到仓储中心，每位顾客的产品需求由一个仓储中心来满足。该模型中，利用分解技术来确定最优解，以决定哪些仓储中心有继续存在的必要。有学者［托马斯（Thomas），格里芬（Grinffin），1996］提出了采购者与供应者整合、生产与配销整合、存货与配销整合三类整合模式。

有学者［戈享（Cohen），李（Lee），1985］提出了由原料采购的供应商开始，经过工厂、仓储中心，最后到达顾客整个"链"的框架模型。有学者［阿克塞尔·鲁德（Axel Ruder），伯恩·蒂肯（Bernd Tibken），2006］使用随机过程方法，又提出了另外一个整合模型，包括原料控制、生产、存货和

3

配销四个子模型，每一个子模型在给定的需求条件下，可以对成本作最优化的运算。此外，每个子模型会对其下游的子模型造成影响。这个模型主要是得到一个长期的运作战略，而非短期的策略。由于对物流管理价值的进一步认识，物流管理涵盖从原材料采购到产品送到顾客手中的全程管理，进入综合物流管理阶段［海尤·韦爵（H A Reijers），莎尔曼·丽曼曼莎（S Limanmansar），2005］。先进的物流管理的实现不仅取决于方法的应用，还取决于管理观念和企业组织运作方式的变革，物流管理开始在物流技术不断进步的趋势下变得重要起来［莎尔曼·丽曼曼莎（S Limanmansar），海尤·韦爵（H A Reijers），2005］。企业组织运作方式必须适应新的技术，其效能才能得到充分应用［桑米库玛·库玛·罗泰尔斯爵尔豪（Sameerkumar Kumar Russellstrehlow），2004］。

　　随着信息技术的革命性进步，全球经济一体化的全面加深，各企业更全面的竞争使得物流管理由一体化的综合物流管理阶段发展到供应链管理的新阶段（江锦凯，2003）；当代企业如果想要在竞争中屹立不倒并取得更大发展，除了技术和产品质量外，从物流管理中获得更大利润已是势在必行［玛丽亚·夫韦迪（Maria Caridi），塞尔吉奥·卡瓦列里（Sergio Cavalieri），乔治·戴尔兹（Giorgio Diazzi），2004］。刘志学（1999）提出了集成化物流管理的概念，认为集成化物流管理（Integrated Logistics Management，ILM）是将各种物流活动作为一个集成系统来进行管理，要实现完全意义上的集成化物流管理必须经过三个过程，即功能集成、内部集成和外部集成。舒辉（2004）研究认为集成化物流是将物流服务供应链上所有节点企业看作一个整体，基于共同的目标，通过一定的制度安排而组成的集成化供应链管理体系，并提出了基于集成化物流的三维结构模型。供应链管理的实质是从局部商品流通的有序与效率的最优化上升到从流通全系统的角度强调效率和服务的优化［赖（V S Lai），玛哈帕尔（R K Mahapatra），2004］，要求整体供应链链节合格，供应链系统效益获得最大化，同时信息的反馈、调整与预测由于信息技术的发展变得更为精确。在这种情况下，供应链上所有企业的组织运作方式必须适应这种要求来共同面对商业上的激烈竞争。

　　按照迈克尔·哈默和詹姆斯·钱皮的定义，企业流程再造是从根本上重新考虑并彻底重新设计业务流程，以实现在关键的业绩上（成本、质量、服务和响应速度）取得突破性的进展。根据业务流程再造（BPR）的精神来分析和优化业务流程，同时也要根据自己的实际情况，有步骤、有阶段地进行改革。作为企业物流流程再造，主要是功能内的 BPR，它的基本目标是使每项职能从头至尾只由一个职能机构管理，做到机构不重叠、业务不重复，再造的结果应该是消除无效作业，缩短流程周期，降低管理成本。刘玉瀛（2004）认为通过对企业管理过程的描述、抽象和提炼，完成对企业管理过程的规划、仿真和分析，并依托先进的建模工具来实施业务流程再造。

国内学者对业务流程再造的研究主要集中在 BPR 的工具、特征、绩效和经验等方面。田茂利和王颖（2003）论述了业务流程再造影响企业的有效规模，将 BPR 的发展过程分为引入期、成长期、成熟期和衰退期四个时期，描述了各阶段的主要特征。以交易成本为媒介，论述了企业规模在 BPR 不同发展阶段的动态变化以及改变企业规模的一般手段。何紫薇（2003）分析了优秀的 BPR 工具应具备的两大特征，并从功能角度将目前市面上的 BPR 工具分成了六大类，重点介绍了 BPR 工具的使用及其特征。王丽娜（2003）采用系统设计方法对采购计划流程进行分析，针对采购计划的问题、临时计划的问题和计划标识号的问题再造了流程。流程输入为经营规划、营销计划、生产计划、物料需求计划等，流程输出为采购计划。流程传递信息包括库存物品、计划价格、欠件、超储以及研发和旧产品改型更新情况等。潘虹艳、黄小原和刘兵（2005）对 BPR 基于根本性、彻底性、显著性和流程这 4 个特点进行了回顾，在此基础上对宝钢益昌公司销售系统流程进行开发和实施。潘国友和陈荣秋（2003）提出了循环梯度和成功因子的概念，并采用成功因子评估流程再造的实施结果，比直接用流程再造后绩效提升的幅度评估要准确和恰当。还有的学者研究了标准化与 BPR 组件对 BPR 项目实施成败的影响，强调领导者正确介入的必要性。

值得注意的是，相比 20 世纪 90 年代对 BRP 实施的绝对乐观性，目前的许多研究人员已敏锐地注意到 BPR 实施的具体方法相对于简单地把 BPR 作为一个工具更有决定性意义。在国内，周振（2005）指出许多企业开始实施企业资源计划系统（ERP），并投入了大量资源，但研究表明 ERP 项目实施的失败率非常高，我国国有企业失败率高达 70％。究其原因，管理思想的转变、高层领导的支持和参与、建立项目监管制度、业务流程重组、数据的准确性和教育与训练是影响我国企业成功实施 ERP 的关健因素，并通过案例探讨了企业实施 ERP 应注意的问题。显然从实践中依据行业特点不同去解决问题是今后研究流程再造的重要领域。

1.2 企业物流流程再造方法与内容

1.2.1 流程再造的方法框架

流程再造的方法包含 25 种流程变革的方法，可以归纳为各种模式、融合共同的导致流程变革成功的工作而总结出的一套综合的流程再造的系统方法框架。

（1）战略决策阶段。这个阶段着重争取管理阶层的投入并发掘再造机会。

（2）再造计划阶段。这个阶段工作是要确保精心筹备再造工程，包括建立再造工作组，建立再造目标，计划并通告利害相关人员及职工。

（3）流程问题诊断阶段。这个阶段工作涉及记录并批判地分析现有流程的病症所在。

（4）流程再造设计阶段。人力资源、组织结构再造设计；信息技术再造设计。

（5）流程再造阶段。根据人员、技术改造设计结果，运用革新管理技术进行流程再造。

（6）不断改进阶段。此阶段总结评估再造结果，并使之融入全面质量管理的工作中。

1.2.2 流程再造的步骤

流程再造方法系统框架，粗线条地描述了流程再造的全过程。在此基础上，我们将对流程再造各个阶段的工作内容、工作方法、工作要点等进行详细的说明。

第一阶段：战略决策

这一阶段的主要工作有：

（1）建立企业愿景。

（2）确保管理层的支持。

（3）挖掘流程再造的良机。

（4）确认使用信息技术的机会。

（5）结合企业战略，选出流程再造的项目。

第二阶段：再造计划

再造计划阶段标志着流程再造工程的正式开始，该阶段任务包括成立再造工作小组并设立再造工程目标、工程策划，通知相关人员以及进行员工动员等。

（1）成立再造团队。人员组成、对工作人员的要求、沟通。

（2）制定工作计划。流程再造工作小组的第一项任务是，根据对核心流程的进一步分析，制定再造项目的日程表，确定再造的计划，大致描述项目的资源需求、预算、历程以及要达到的目标。

（3）制定再造目标和评估标准。在确定流程再造要达到的目标时，一要设置高水平的"延伸目标"，通常延伸目标是以世界一流标准为基础的，或以行业领导者所设立的"标杆"来确定的。二要提供判断项目成功与否的流程属性标准。

第三阶段：诊断分析现有流程

这一阶段的主要工作为：记录现有流程；进行流程诊断，分析找出存在的问题。

（1）记录现有流程。进行分析活动、确定分析方法。

分析现有流程时所要做的工作主要有：描述整个流程；确认组成流程部分的要素；记录现有流程的工作状况；记录流程时间、内部运货时间以及轮空时间，并用此衡量再造的收益大小；把大流程划分为一系列子流程，将小组成员分配到适合各自特长的子流程中去。

（2）分析现有流程的弊端。确认分离的职能信息系统并整合成为一个单一的全流程系统；对文件、提案以及报告的必要性逐个进行审查，并确认所有不需要的文件或活动；确认正式和非正式的导致不增值活动的政策和规则等。

第四阶段：社会——技术的再造

流程的重新设计包括对各种改造方案的选择，要寻找既能实现企业战略，又与人力资源、组织变革相结合的方案，并尽量将岗位和工作流、信息管理和技术方面搭配合适，最终完成新的社会——技术系统的设计。

（1）大胆提出方案。用于设计有效流程的通用方案是不存在的，开发设计工作的关键是，充分释放再造小组的创造能力去思考、去发现。

（2）流程设计的原则。新流程的设计原则；信息技术的应用原则；并行工程技术的应用原则。

（3）人力资源结构的设计。一个好的人力资源架构设计，应该能满足系统内信息的自由交换，并且能够提高个人与工作小组的决策和工作效率。

（4）选择信息技术平台。通常支持流程变革的信息技术，必须能够支持分布式管理和用广域网链接的供应商、销售商之间的信息交流。

（5）宏观模拟新流程。为了能全面了解并掌握新流程的特征、流程过程、工作分配、信息技术结构和系统需求等方面的情况，需要模拟整个新流程的过程。

第五阶段：流程再造

在完成了流程的设计后，接下来就应该对现有的流程进行重构了。根据专门设定的人力资源结构及所选择的信息技术平台执行新的流程，这一阶段的主要工作如下：

（1）改善管理。这一步的重点放在向新组织设计方案的平滑过渡、综合改进上，主要任务有：业务单元的重新组织、组织与岗位重构、岗位转换、通过训练和教育程序向留下的员工授权以及改进工作质量等。

（2）信息技术的运用。信息专家在流程再造中的主要任务是建立并运行新的信息体制技术，以支持流程再造工程。

（3）重新组建。这项工作着重于向新的组织结构过渡，工作包括组织重建、人员裁减、组建团队、工作交替以及职工培训等。

第六阶段：不断更新改进

新的业务流程开始执行后，进行监控和评价流程的表现，包括对在战略构想阶段设置目标的评价以及新流程的动态监控。

（1）评估的内容。在广义上，评估指标的选择，是从流程的表现、信息技术的表现、生产率指数等方面对流程进行评价。再造后的评估是要确定再造目标的实现程度，同时还要将客户的新要求与再造目标相比较，以找出进一步改进的方向。

（2）与质量改进等工作的结合。尽管流程再造的目标与逐渐改进质量管理工作的目标有所不同，但是，在再造工程的最后阶段，把流程再造环节与改进的全面质量管理结合起来，肯定会收到更好的效果。

（3）S-A框架模型是一个闭环系统。对设计流程的继续评价，在新设计的流程运用的早期阶段是特别重要的。必须建立评价阶段和诊断阶段之间的有效反馈环节，构成这样的一个反馈环。

1.3　钢铁企业物流流程再造研究现状

对于钢铁企业物流流程再造模式的研究涉及钢铁企业物料采购、销售物流模型、生产物流模型、物流信息系统设计和逆向物流管理等，主要研究成果总结如下。

福山钢铁厂开发了钢材物流系统，其侧重点在于产品的出库与发货。通过考虑与钢材发货相关的工序实绩、库存情况、车辆使用情况、客户需求，编制出钢材发货运输计划，以降低运输成本，提高运输能力，缩短钢材等待发货时间（国分村生，安田素郎，入月克己，1997）。日本NKK公司旗下的京滨钢铁公司开发了综合物流管理系统，把优化整个企业内部物流作为出发点，通过建立一个新的容器仓库系统和升级原料4个系统，建立起一个新的综合物流管理系统（古口志信，1994）。石合信吾和田中保彦（1991）研究了钢铁企业物流的整体最优化模型，即为全流程（炼铁—炼钢—连珠—轧制）综合优化模型。

施平和陈仁华（2003）对宝钢前向供应链管理的实践进行了总结研究，其从采购和销售两个重要环节来分，将供应链分为供应链前端和供应链后端。宝钢对供应商实行分层动态管理，根据供应商所供物资的重要程度、历史供货能力、业绩及相互依存关系，将供应商分为长期战略合作伙伴、一般合作伙伴、简单贸易关系3个层次。重点发展战略合作伙伴关系。按照"双赢"原则，突破原有的单纯买卖的采购模式，以功能计价、系统承包等方式，加强与供应商的协同管理。杨立波、庄新田和黄小原（2003）针对宝钢技术经济发展公司供应链管理进行了模式设计。根据公司的业务经营现状、经营环境和未来发展目标，探讨公司建立供应链管理的定位及目标，指出公司的BPR、客户关系管理、供应商管理、电子商务应用是建立供应链管理的关键问题。根据钢铁贸易行业的订单式生产方式，提出供应链管理的应用模式，并建立钢材深加工贸易供应链模型。从供应链管理实施的角度，指出应注意信息共享与系统整合问题。技术经济发展公司应用供应链管理的目标，是以顾客为中心，用信息化的管理来改变传统的管理形式，达到提高劳动生产率，降低生产成本，提高收益的透明度，实现与国际接轨的运营方式，在增加顾客价值的同时，增加整个供应链上技术经济发展公司产品价值、钢铁产品生产商价值和虚拟合作商价值。

韩乐（2004）针对钢铁企业发展第三方物流进行了研究。钢铁企业自身的特点决定了降低物流成本对企业的重要性，认为钢铁企业应改变自己完成物流环节的做法，在市场环境中学会把自身非核心竞争力的部分业务分离出去，委托给第三方物流。我国钢铁企业应该积极采取措施加强与第三方物流的合作。瞿熙鼎和史美伦（2002）通过对现代钢铁企业物流技术的理论探讨，分析了我国钢铁企业物流技术的发展历程，详细分析了现代钢铁企业从原料、燃料及辅助物料采购进厂，而后倒入炉冶炼、半成品向下一道工序流转，直至加工各种产品销售出厂整个生产过程中的物流特性及规律，得出了吨钢厂外和厂内的理论运输指标。陈荣（2004）针对钢铁企业矿石物流一体化管理模式进行了研究，详细论述了建立钢铁企业矿石物流一体化管理模式的理论基础、内容和条件，得出整合现有的矿石物流体系是必然趋势的结论。

强伟和黄小原（2006）对首钢 ERP 实施成功因素进行了实证分析，指出企业资源计划作为因特网环境下管理集成、资源集成的信息系统，其实施是一项高风险和高成本的工作。企业资源计划在国内企业信息化建设工作中举足轻重，对钢铁企业 ERP 实施的成功因素进行实证分析，具有非常重要的现实意义和应用价值。给出了 ERP 实施的理论分析框架，研究了首钢 ERP 实施的成功经验及其上线压力测试情况，并给出了钢铁企业 ERP 实施的成功因素模型。

蒋国璋（2006）在分析产品生产计划的现状和发展趋势的基础上，以钢铁企业这一类混合生产流程为研究对象，综合运用运筹学、现代生产管理、系统工程、工业工程、控制理论、人工智能、计算机科学等理论和技术，通过对重点和典型钢铁企业的生产计划的制订、执行和反馈以及存在问题的分析，建立面向工厂生产的钢铁企业生产计划与调度模型，提出了钢铁企业的产品线和产品的组合计划，采用网络流的优化方法和遗传算法以及 MATLAB 7.0 标准工具箱的函数，建立了基于产品生产需求预测、销售价格、生产成本和生产能力的产品线组合生产计划的最大利润流模型。

尹向东（2006）围绕如何提高我国钢铁企业并购中知识转移效果，进而提升竞争优势进行了研究，建立了一个企业知识构成模型，以过程的视角从知识特征、企业并购和钢铁企业行业特征 3 个维度出发，研究了钢铁企业并购中知识转移过程构成要素，即钢铁企业并购中的知识转移主体、知识转移动机、知识转移内容、知识转移方式、知识情景整合、知识转移成本和知识转移效果；在此基础上提出了钢铁企业并购中知识转移影响因素，包括钢铁收购企业有关知识的基础条件、被收购钢铁企业有关知识的基础条件、并购企业知识转移动机、知识识别、知识转移投入、知识转移实施和知识情景整合；分析了钢铁企业中知识转移影响因素之间的相互关系及其他对于知识转移效果的影响并提出了理论假设，建立了一个钢铁企业并购中知识转移影响因素的概念模型。

刘彩雁（2006）针对钢铁企业质量管理中的问题，提出了面向过程集成的钢铁企业质量管理系统，并对涉及的关键技术进行了研究，基于供应链的角度，提出了面向过程集成的质量管理系统的体系结构，以采购过程、质量设计过程、面向顾客的服务过程为研究对象，对其中的关键问题进行了研究。基于企业资源计划（ERP）/制造执行系统（MES）/过程控制系统（PCS）三层企业集成框架，分析了钢铁企业产品实现过程质量管理的功能模型，在此基础上提出了集成质量管理系统研究的关键技术。根据钢铁企业的生产管理和质量管理特点，构建了过程质量管理 XBOM 体系，分析物料清单（BOM）体系在钢铁企业中的构成、存在形式和特征，研究了基于 XBOM 的过程信息集成技术，部件组成的集合物料清单（EBOM/PPBOM）向物料清单管理（MBOM）、质量管理（QBOM）和 MBOM 之间的转换模型。分析了面向订单生产的钢铁企业质量管理流程，提出了基于分层实例的三层质量设计实例推理方法。

杜涛（2005）从分析钢铁生产流程的物资流、能耗和环境负荷减量化问题出发，在明确产品结构的前提下，合理选择工艺和设备参数，综合考虑流程优化、节能降耗和减少环境负荷，提高整个生产流程的效率，对钢铁企业提高综合竞争力，提出了生态化发展模式。应用基准物流图，建立了钢铁生产流程的物流对气体污染排放量影响的分析方法，构造了能源—环境负荷投入产出表；应用物资平衡理论，建立了钢铁企业产品生产过程和能量转换过程数学模型；给出了工序能耗、产品能值和吨钢能耗表达式，以及工序、产品和吨钢环境负荷计算公式；分析了影响上述指标的各种因素，以及能流、物流和污染物流三者之间的相互关系；应用建立的钢铁企业能耗和环境负荷模型。以莱钢为背景，探讨了企业进行生态化建设的方案和措施，在对莱钢现状进行深入分析的基础上，提出了莱钢进行生态化建设的思路和方案。

2 系统动力学理论

2.1 系统动力学理论概述

20 世纪 50 年代早期，美国麻省理工学院斯隆管理学院的科瓦斯特（Forrester）教授将计算机科学和反馈控制理论应用于社会、经济等系统的研究，到 20 世纪 70 年代初，系统动力学逐渐发展成为一种了解和认识人类动态复杂系统的研究方法。正如有学者［科瓦斯特（Forrester），1958］指出：一些刚接触的学者认为系统动力学只是一种可以用来处理情景模拟的软件包，另外有些人则把它当成一门建模的学问，但笔者认为它更是一种看待世界的方式，系统动力学不仅有完整的建模工具，更有完整的方法论和思考模式。系统动力学在 20 世纪 80 年代初引入国内，30 多年来包括王其藩、苏愈康和胡玉奎（1986）等在内的多位学者参与了系统动力学在中国的应用研究工作，但在供应链管理领域应用研究的文献并不多见。

系统动力学强调以闭环的观点方法来认识和解决问题，从图 2-1 可看出它与开环方法的区别。这也决定了它采用反馈环路式的建模方法，即通过分析行为模式背后的反馈环路结构，改变结构中相关变量的状态值，了解不同策略下的不同行为模式，来完成策略的优化。

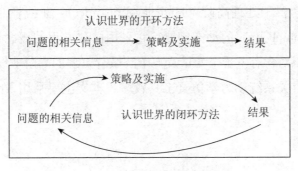

图 2-1　认识世界的开环与闭环方法

系统动力学建模采用的反馈环路（Feedback Loop）是按业务流程顺序连接了系统策略、系统状态和系统信息，最后又回到决策并对决策产生反作用的封闭环路。反馈环由各种不同的因果关系（Causal Relation）组成。因果关系有正负之分，前者表示 X 的变化使 Y 朝同一方向变化，如生产率对库存、出生率对人口数量；后者表示 X 的变化使 Y 朝相反方向变化，如产品价格对销售量、死亡率对人口数量。故反馈环也有正负之分，如图 2－2 所示。系统动力学强调反馈环路的结构关系、时间延迟、信息放大对系统行为的影响，其中结构关系表示系统各组成结构之间的相互关系；时间延迟表示决策行动落后于信息的获得；信息放大表示随着流程与时间的推移，某些信息会被放大，它对决策行为的影响会随之被放大。

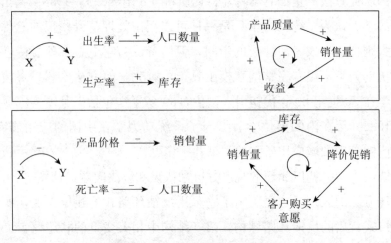

图 2－2　正负因果关系及反馈环

系统动力学善于处理高阶（High level of order）、非线性（Non－linear）、多环（Loop multiplicity）的动态问题。它采用微分方程的概念设计仿真模式，借助计算机可以对含有上千个变量及上千阶微分方程的高阶非线性复杂动态系统进行仿真。有关系统动力学仿真工具较多，本文主要采用 Vensim 仿真工具（在第 6 章论述）。

2.2 系统动力学建模与仿真方法

2.2.1 系统动力学建模基本原理

1. 建模基本原理

（1）构思模型最基本的依据就是系统动力学对系统、系统特性的一系列观点。扼要地说即有关系统的整体性、等级性与历时性，系统的结构、功能与行为的辩证对立统一关系，系统的行为模式，以及主导部分作用原理等。其中，系统的行为模式主要根植于内部反馈结构与机制。

（2）一个"明确"三个"面向"：明确目的、面向问题、面向过程与面向应用。首先应明确建模目的与任务，面向所要解决的矛盾与问题，要重视模型的应用与问题；面向矛盾诸方面相互制约、相互影响所形成的反馈动态发展过程；面向模型的应用、政策（对于社会经济系统而言）的实施，否则建模将无异于盲目地进行工作与冒险。

（3）根据系统结构特性（整体性、等级性与层次性等），在建模的构思、调试、政策试验的全过程中，正确地使用分解与综合的原理。

根据系统的整体性和层次性，可以应用综合与分解原则来研究系统。一方面，我们强调从整体的观点研究系统；另一方面，系统的层次性意味着一个系统是由不同等级层次的子系统组成的，这样，在进行系统与结构分析时可以应用分解原理。即：

①系统动力学研究系统，强调面向问题和研究问题。先确定目标，以有助于确定系统的边界。边界似一个想象的轮廓，把与所研究问题有关的部分输入系统。

②分析系统结构时，应由上到下，由粗到细，逐步分解系统。

以上过程可以用方框图、因果相互关系图和流图来具体表示。

与以上分解过程相反的是综合过程。尽管分解过程对系统研究十分重要，但我们决不能停留在这一阶段，无论对于建立系统模型还是对于分析系统的动态行为，分解的最终目的是为了综合。只有系统的各部分有机地联结为一个整体，各部分的功能与行为符合总体的功能与行为，模型才能真实地表现系统的整体结构与功能。因此，在建立与测试系统模型时，我们应该逐步由部分测试过渡到总体调适，从整体观点出发不断改进模型的结构，全面地、系统地考察系统的内部结构和反馈机制。

（4）模型只是对真实系统突出本质、简化地描述，只能反映真实世界的本质和某些断面或侧面。建模不等于对实际系统的复制，应防止所谓原原本本、一一对应按真实世界去建立模型的错误倾向。

（5）检验模型的一致性、有效性的最终标准是客观的实践。人对客观事物的认识不可能一次完成，而是螺旋上升的过程。因此，没有终极的模型，没有十全十美的模型，只能有阶段性的、达到预定目标和满足预定要求的相对有效的模型。

2. 定性与定量结合，系统分析、综合推理的方法

系统动力学研究解决问题的方法是一种定性与定量结合，系统分析、综合与推理的方法。它是定性分析与定量分析的统一，以定性分析为先导，定量分析为支持，两者相辅相成。按照系统动力学的理论、原理与方法分析实际系统，建立起定量模型与概念模型一体化的系统动力学模型，决策者就可借助计算机模拟技术在专家群体的帮助下，定性与定量地研究社会、经济系统问题，进行决策。

这是建立模型与运用模型的统一过程。在其全过程中，建模人员必须紧密联系、结合实际、深入调查研究，最大限度地收集与运用有关该系统及其问题的资料和统计数据；必须做到与决策人员和熟悉该系统的专家密切结合，唯此才能使系统动力学的理论与方法成为进行科学决策的有力手段。

3. 分析研究与解决问题的主要过程和步骤

运用系统动力学认识问题是一个多次反复循环、逐渐深化、逐步达到预定目标和满足要求的过程，这个过程大体可分为五步：第一步，要用系统动力学的理论、原理和方法对研究对象存在的矛盾与问题进行系统分析；第二

步，则是进行系统的结构分析，划分系统层次与子块，确定总体的与局部的反馈机制；第三步，建立数学的、规范的模型；第四步，以系统动力学理论为指导借助模型进行模拟与政策分析，可进一步剖析系统得到更多的信息，发现新的问题然后反过来再修改模型；第五步，检验评估模型。

（1）矛盾与问题分析。其主要任务在于分析矛盾问题、剖析要因。

①调查收集有关系统的情况与统计数据。

②了解用户提出的要求、目的与明确所要解决的问题。

③分析系统的基本问题与主要问题，基本矛盾与主要矛盾，变量与主要变量。

④初步划定系统的界限，并确定内生变量、外生变量、输入量。

⑤确定系统行为的参考模式。

（2）系统的结构分析。主要任务在于处理系统信息，分析系统的反馈机制。

①分析系统总体的与局部的反馈机制。

②划分系统的层次与子块。

③分析系统的变量、变量间关系，定义变量（包括常数），确定变量的种类及主要变量。

④确定回路及回路间的反馈推合关系；初步确定系统的主回路及它们的性质；分析主回路随时间转移的可能性。

（3）建立数学的规范方程和描述定性与半定性的变量关系。

①建立 L、R、A、C 诸方程。

②确定与估计参数。

③给所有 N 方程、C 方程与表函数赋值。

（4）模型模拟与政策分析。

①以系统动力学的理论为指导进行模型模拟与政策分析，更深入地剖析系统。

②寻找解决问题的决策，并尽可能地实施，取得实践结果，获取更丰富的信息，发现新的矛盾与问题。

③修改模型，包括结构与参数的修改。

（5）模型的检验与评估。

这一步骤的内容并不都是放在最后一起来做的，其中相当一部分内容是在上述其他步骤中分散进行的。

2.2.2 构思模型与建立模型方程的原则

1. 构思模型结构的原则

（1）系统能完整地用状态变量加以描述。

（2）模型中每一反馈回路至少包含一个状态变量。

（3）物质守恒原则。

（4）信息非守恒流。

（5）状态变量仅仅受其速率控制。

（6）唯有信息链能连接不同类型的物流守恒系统或子块。

2. 建立模型的原则

（1）关于量纲。每一方程的左右两边的量纲必须一致；不能仅仅从量纲的含义来判别系统中的状态变量与速率；在同一物质系统（或子系统）中的状态变量组应具有相同的量纲。

（2）关于参数。与变量相同，模型中每一参数应该是有意义的或是在真实系统中能找出对应物。不应为了凑出量纲而生造出毫无实际意义的比例系数与换算系数。

（3）关于变化率（速率）。速率方程即使在极端（甚至在实际系统中不可能出现）的条件下，也仍有意义；区别期望情况与实际情况；区别实际情况和被人们已察觉到的情况；描述决策与行动的速率应基于可能得到的信息。

2.2.3 系统动力学建模的主要方法

系统动力学中常用图形表示法有四种，它们分别是系统结构框图、因果与相互关系回路图、流图（结构图法）、速率—状态变量关系图。

1. 系统框图

系统框图就是用方块或圆圈简明地代表系统的主要子块并描述它们之间

物质与信息流的交链关系。

系统框图是所要介绍的方法中最简便的一种，然而它只在系统分析与系统结构分析的先前阶段很有用。一旦初步明确建模目的之后，下一步就要定义所要解决的问题与有关变量，并初步确定所研究系统的界限。系统的界限往往不是一目了然的，它是一个想象的轮廓，把与建模所要解决的动态问题有密切关系的最小数量的变量与部分划入，使系统与其环境隔开。"明确目的，确定问题"与"划定边界"是一个逐步深入了解系统和分析问题、认识问题相辅相成的反复过程。在此过程中，在方法上要区别对待粗细与主次，往往是先粗后细，先主后次，框图的简洁性将有助于人们确定系统界限、分析各主要子块间的反馈耦合关系内可能存在的主要回路。

2. 因果与相互关系回路图

因果与相互关系回路图往往用于以下两个方面：

（1）构思模型的初始阶段。

（2）非技术性地、直观地描述模型结构，便于与那些不熟悉系统动力学的人员进行交流讨论。

因果与相互关系回路图普遍地用于构思模型的初始阶段，但应当予以指出，对于成熟的模型研制者来说，它并不是必经之路。

3. 流图（结构图法）

因果与相互关系回路图只能描述反馈结构的基本方面，不能表示不同性质的变量的区别，这是它的根本弱点。例如，状态变量的积累概念，是系统动力学中最重要的量，然而因果与相互关系回路图全然忽略了这一点。在实际生活中有许多积累作用的变量。譬如，斟水的时候，杯中水位的升高是积累的结果；库存量是进货与提货速度代数和的积分。在介绍因果与相互关系回路图时，已经作了简要介绍，在描述这一类积分变量的变化时，在因果链关系中，只能说增加或减少，而不能说按比例变化。在概念上，积累效应与影响它的速率是十分不同的。假想用照相机摄下系统静态照片，积累变量依然可见，且可以加以测定，然而影响积分量的速率却见不到也无法在照片上加以测定。

(1) 状态变量、速率—状态变量关系图。在反馈系统中，积累环节被称为库存、贮存、状态变量或位。"位"的含义源自流体在容器中积存的液面高度，如水位。系统动力学认为反馈系统中包含连续的、类似流体流动与积累过程。速率或称变化率，随着时间的推移，使状态变量的值增或减。

(2) 在物流与信息链中，物质从仓库（状态变量）输出时，使库存量减少；然而反映仓库情况的信息，源自仓库发至系统的其他部分，却丝毫不影响仓库（即状态变量）本身。因此，信息反馈链与具体的物质流是极其不同的。在此顺便指出，因果关系回路图的另一个重要缺点：在因果关系回路图中，为了简便，忽略了信息反馈链与物质流的差别，用相同的实线箭头表示两种完全不同的概念。

流图能清楚地描述速率与状态，并区分物质流与信息链。物质流与信息链分别用实线箭头与虚线箭头表示。对于复杂系统的流图，在信息回路中无疑还有其他变量，称为辅助变量。在反馈结构中，除了速率与状态变量外，还有许多信息变量需加以研究与定义。一个完整的流图，其结构几乎已接近完全量化的模型了。

4. 混合图

混合图已日渐成为描述系统结构的一种方法。所谓混合图就是在因果关系图中，把状态和速率变量按照流图中的符号表示出来。混合图全部采用实线来表示。

这种混合表示法的优点在于：既把重要的状态与速率变量清晰地表示出来，又保持了因果相互关系回路图的简洁性。把速率与状态变量清晰地标出来后，使读者能更加可靠地用混合图分析与推论反馈结构所综合的动态特性。混合图还能使读者就简单的因果与相互关系回路图更容易理解模型假设的实际动态因果相互关系。由于能识别速率与状态变量，使混合图向建立可进行计算机模拟的方程式靠近一大步。

5. 图解分析法—速率与状态关系作图法

系统动力学强调动态地定义与思考问题，系统中的变量最好能以随时间变化的图形表示。以这种图形描述所研究系统的变量的特性，就是问题求解的一种形式。图解分析法是一种简便、形象的分析工具，它能分析以一阶反馈结构为基础，简单线性或非线性系统变量随时间变化的特性。

图解分析法的第一步是要找到待研究的有关变量、状态与速率的关系曲线，即以状态变量与速率为坐标的关系曲线。速率 RATE 与状态 LEV 的一般关系式为：RATE＝f（LEV），f 可为线性或非线性函数。速率与状态关系图并无时间变量，还不能直接获得变量与时间的关系曲线，但根据它可以用图解法把它隐含的变量与时间的关系求出来，即把 LEV 与 RATE 变量随时间的变化曲线绘制出来。

在此基础上可对所研究的变量间的关系作进一步的探讨。比如，RATE 与 LEV 的关系曲线可取各种可能的形状，并求出相应的可能解 LEV（t）与 RATE（t）曲线。对社会经济系统而言，上述内容即所谓"政策分析"过程，它揭示了政策与系统未来发展的内在联系。若是把上述过程倒过来，先给出变量期望特性，再经作图求出变量的关系曲线当然也是可以的。

图解分析法具有人所共知的简单、形象、清晰的优点，然而它最可贵的特点还在于能够分析解决用一般线性分析解析方法无法解决的简单非线性系统的问题。图解分析法也有它的弱点，即它无法胜任对于复杂系统的分析研究任务。对此唯有依靠系统动力学的理论、构模原理和借助计算机模拟技术。

6. 系统动力学模型为主体与其他理论、方法的结合

（1）数理经济学、计量经济学与系统动力学相结合运用。数理经济学用于揭示与描述经济变量之间的定量关系。计量经济学主要用于某些参数的估计。它们与系统动力学的结合应用始于 20 世纪 70 年代初。

（2）产业关联分析、投入产出分析与系统动力学结合运用，始于 1977 年。

（3）优化理论与系统动力学结合，始于 1977 年。

（4）非平衡自组织理论与系统动力学相结合。前者用于对一组系统动力学模型进行同态简化，获得集中模型（或总体模型）。结合方法是，先建立系统动力学模型，推出系统演化方程 t 运用协同学找出序参量，以解释系统的自组织现象。此种结合已用于洞庭湖整治开发总体模型研究。

（5）运用灰色系统理论与方法为系统动力学模型中某些辅助方程的参数

作估计。

（6）应用图论分析方法给出系统动力学流图，以闭环的观点来认识和解决问题，运用反馈回路的确定方法有助于对系统动力学模型的调适与结果分析。

（7）系统动力学和其他多种方法组成综合模型体系。

（8）智能化综合系统是以系统动力学与复杂系统理论（耗散结构、协同学、突变论等）相结合，以系统动力学模型为核心建立的模型库，再加上知识库与数据库等组成。

2.3　系统动力学在物流管理中的应用研究现状

国外学者运用系统动力学在供应链管理方面的研究主要集中在库存管理、政策发展、时间压缩、需求扩大、供应链设计和整合以及国际供应链管理等方面［大卫·葛素尔（David Kosiur），1997］，见下表。

国外研究分类

分类 研究领域	理论模型研究	实际问题 模型研究	模型应用研究
库存管理	b	b、c	—
需求扩大	b	b	—
供应链重组	—	a、b、c	a、b、c
供应链设计	a	a、b、c	a、b、c
国际供应链管理	a	a、b、c	a、b、c、d

注：a—反馈回路分析图；b—连续仿真；c—运筹技术；d—独立仿真。

阿克曼斯（Akkermans）提出的参与式企业建模法（Participative Business Modeling，PBM）就是一种综合了系统动力学、运筹学、社会科学及过程咨询的动态决策方法，与传统的方法相比，PBM方法避免了决策管理与控制的缺失，综合考虑了供应链物流策略设计中的技术复杂性及组织复杂性，以改善策略制定的规范性，提升策略实施的功效。赫非兹（Hefeez，1996）等提出了一种系统动力学与系统工程相结合的供应链动态建模方法。与 PBM 方法类似，该方法尝试将技术、组织、人员态度及人机关系等问题的复杂性一并考虑，构建一个集成的供应链系统动力学框架模型。阿克曼斯（Akkermans H A，1996）将系统动力学用于供应链的研究，提出了一种综合的供应链扩展设计方法，以图实现动态决策支持。

阿隆索（Alonso）与弗雷泽（Frasier，1991）利用系统动力学方法探讨了在面临不同的销售波动时，准时制生产（JIT）模式库存策略对公司利润的影响，研究表明，计划和管理上的延迟将会影响公司的利润；需求的不确定性将导致更长的时间延迟，从而导致更多的库存积压及利润下降。安德森（Anderson，1997）等以机床行业为例，利用系统动力学探讨了机床设备供应链的需求放大在提前期、库存、生产率和人力等方面的含义，测试了供应链性能改善的多种策略，并利用统计拟合数据进行仿真。结果显示，市场的多变性及"投资加速"导致生产能力的提高，从而产生需求的严重放大，灵活的订单策略和雇佣策略有助于克服需求放大并改善整个供应链的运作。古普塔（Gupta Y P，1989）通过系统动力学模型分析了准时制生产模式的动态行为模式及其库存、产能等问题。巴尔拉斯（Barlas）、亚克苏干（Aksogan，1996）设计的一个成衣供应链系统动力学模型是系统动力学在库存策略应用研究中的经典案例，其目的是设计库存策略以降低成本、提高收益，并探寻多种不同库存策略的管理学含义。该模型综合了订单和生产策略，并借助C语言实现了算例，结果显示，用于连续系统的订单策略对于部分离散部分连续的库存系统并不适用，于是提出了针对部分连续部分离散库存系统的新的订货策略，该策略对于不稳定需求特别有效。赖内斯（Lyneis，1980）利用系统动力学的方法，设计了一个制造企业的供应链流程结构，主要用来研究库存、财务、人力资源、供应商、客户及与竞争对手之间的动态交互模式。但该流程结构欠缺全局、整体的整合，还不能算是真正意义上的过程再造。卡瓦卡帆斯提亚（Cakravastia）、迪尔瓦提（Diawati，1999）利用系统动力学的方法，对印度尼西亚造船业供应链流程进行了再造。模型不但考虑了物料流、信息流，还整合了财务资金流，包含了订单、库存、发货、延迟、总销售额及净利润等关键因素及其相互关联，并设定了产品质量、成本和交货期三项关键的物流绩效指标。实证表明，该模型可用于供应链物流策略的设计、物流绩效的评价及预测。

相关学者在供应链物流的系统动力学研究主要包括对供应链物流过程中不同生产模式下的牛鞭效应（需求放大）、库存管理等供应链物流、资金流、信息流过程动态性的研究。福瑞斯特（Forrester，1958）构建的包含工厂、库房、分销商和零售商的供应链仿真模型（见图 2-3）后来被人们称为"Forrester 供应链"或"Forrester 模型"。它清晰地反映了物料在整个供应链中的流动，从工厂、库房到分销商、零售商，最后到达客户的过程，并考虑了信息在供应链中的流动以及时间延迟，初步揭示了供应链中时间延迟、牛鞭效应（需求放大）等动态性的存在。

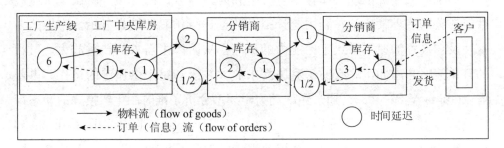

图 2-3 Forrester 供应链

随后，许多学者对供应链的牛鞭效应（需求放大）进行了相关研究，其中利用系统动力学方法的主要有斯特曼（Sterman）、陶威尔（Towill）和安德森（Anderson）等。斯特曼利用系统动力学构建了一个通用的库存管理模型，如图 2-4 所示。该模型主要包含系统物理结构（状态变量和流结构）与决策规则两部分，它们组成了一个基本的库存管理决策的试验环境，可以提供多种不同的模拟情景。斯特曼指出，供应链库存管理系统中各种反馈的复杂性和时间压力往往会使决策者产生对反馈信息的错误理解及非理性的决策行为，决策过程往往采用局部合理的启发式方法，来形成目标导向和调整策略。斯特曼后来利用"啤酒游戏"设计的生产与分销管理模拟试验考虑了多阶段、多成员、非线性反馈、时间延迟等，结果也说明了同样问题。斯特曼建议，对决策者的系统思考（System thinking）模式的培训有助于形成科学的库存管理策略并有效克服牛鞭效应。陶威尔通过系统动力学研究了需求信息随供应链层层向上的变化幅度，发现每经过一个环节需求信息会被放大一倍，到制造商从分销商获得订单时，需求放大几乎达到初始需求的八倍。安德森等以机床行业为例，利用系统动力学探讨了机床设备供应链的需求放大在提前期、库存、生产率和人力等方面的含义，测试了供应链性能改善的多种策略，并利用统计拟合数据进行仿真，结果显示，市场的多变性及"投资加速"导致生产能力的提高，从而产生需求的严重放大，灵活的订单策略和雇佣策略有助于克服需求放大并改善整个供应链的运作。

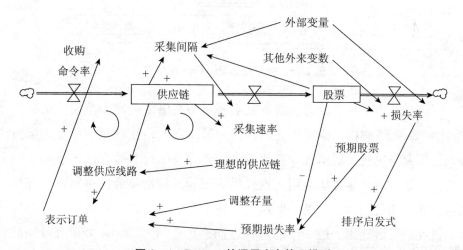

图 2-4 Sterman 的通用库存管理模型

供应链管理的卡迪夫（Cardiff）框架（见图 2-5）则是系统动力学应用于供应链流程再造的典范。百利（Berry，1989）等对欧洲计算机等电子产品供应链的成功再造，证明了卡迪夫（Cardiff）框架的有效性。

陶威尔（Towill，1994）认为时间压缩是现代供应链建立高效反应能力、应对市场快速变化、改善整体绩效的最好方法，并利用 Forrester 模型作为供应链系统绩效改善的基本框架构建了一个供应链再造策略。结果显示，提前期的缩短对质量、客户服务水平和总成本有着积极的影响，对供应链需求的预测、故障诊断、客户及市场的响应速度都有非常显著的改善。

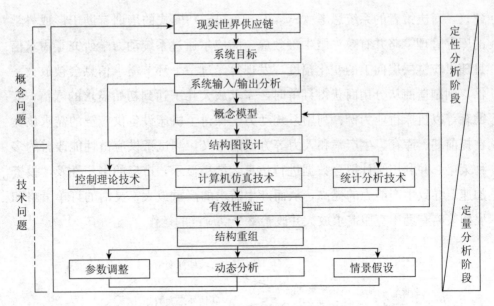

图 2-5　供应链管理的 Cardiff 框架

　　国内学者对于系统动力学的研究主要集中在供应链动态建模方法以及库存、生产、物流建模与应用等方面。张力菠（2004）在回顾系统动力学方法的理论研究与应用发展概况，并比较供应链管理研究几种方法的基础上，分析论证了系统动力学方法应用于现代供应链管理问题研究的可行性，并根据供应链管理相关问题的分类，回顾、评述了系统动力学在各类问题中的应用研究概况，最后提出了进一步的研究方向。孙东川（2005）为了有效预测现代物流业的货运量大小，分别运用回归分析与系统动力学两套方法来建立广东省现代物流货运量的预测模型，并通过模拟结果的比较验证了系统动力学在物流领域的良好应用前景。王迎军和高峻峻（2002）研究多个制造商和多个分销商组成的分销系统，综合考虑库存成本、订货成本、运输成本和缺货成本，建立了较为全面的分销网络成本模型，以分销商满足市场需求时的服务水平作为优化问题的约束条件，求解成本优化问题；然后，给出了求解上述最优订货量的方法，并采用仿真方法分析了价格参数及订货比例系数对总成本的影响。结论表明，随着运价参数的降低，总成本下降幅度较大；分销商在地理位置方面的特征，会影响分销商在不同供应商之间的最优订货比例，该比例不是越大越好，也不是越小越好，最优比例是居中的某个数值。

刘永庆（1993）研究仓储系统动力学时，把仓储控制系统当作反馈系统。货物发送使库存量减少，当库存降到低于某一库存值时，库存部门就向生产者订货，使库存回升。这样，现有库存多少的信息就得到了传送，先传送到订货部门，再到生产者，最后以入库产品的形式返回。向卓元和包辛（1995）认为物资配送系统由于具有社会性、动态开放性、非线性平衡、复杂性和惯性等特征，使得采用投入产出模型、计量经济模型或经济控制论模型去分析和研究这类系统的行为以及发展战略问题力不从心。而系统动力学则擅长处理周期性、长期性以及高阶、非线性、时变问题，特别是能在数据缺少或不完备的条件下仍可以进行研究，仍能对未来政策进行分析。因此，运用系统动力学方法对物资配送系统的规模、中远期行为等发展战略问题进行了构模、仿真研究。陆俊强和戴勇（2001）建立了配送中心与超市库存系统动力学模型，通过模拟来确定配送中心仓库的订货量和库存量。由于所需的数据不多，对数据的准确度要求也不高，这为新成立的历史数据不多的企业提供了一种比较实用的方法。尤安军和庄玉良（2002）研究物流配送系统时认为仓库的设置直接关系到配送中心的服务水平：一方面随着仓库数量的增加，可以缩短客户响应时间，提高客户服务水平，从而增加销售量；另一方面仓库数量的变化又会直接影响配送成本，随着仓库数的增加，也必然带来物流配送系统成本的上升。于是运用系统动力学的方法分析了仓库数、销售量、成本、收益之间的相互作用，深入了解了物流配送系统的运行机制、行为特征。

李红启和刘凯（2002）认为我国在城市物流中心的规划设计方面的理论依据还不是十分成熟，而且城市物流中心直接面向城镇消费者，其业务波动可能比较大，投资风险较高。投资之前对其可能的能力、容量进行合理估计显得很重要。于是运用系统动力学理论与方法对城市物流中心的商品合理库存量进行了预测。陈亚绒和施国洪（2003）运用系统动力学方法，对江苏物流系统进行了定性分析，研究了物流发展与国民经济发展、政府政策、科技投入和环境之间的关系，从理论上为江苏物流产业的整体发展提供了决策依据。桂寿平和朱强等（2003）应用系统动力学的原理和方法分析了库存控制系统，建立了库存控制系统模型，利用软件提供的模拟环境，对物价率变化、库存调整时间变化、需求突然增大等情况下的库存进行了模拟分析。

3 集成化物流理论

3.1 集成化物流的概念与特点

3.1.1 集成化物流的概念

关于集成化物流目前理论界还没有一个统一的定义。但根据韦伯斯特（Webster）大词典的定义，集成是把部分组合成一个整体［福克斯（Fox M S），1996］。具体到一个组织，就是指组织中的每一个部门都有权使用与其任务有关的信息，能够预测其行为将会对其他部门产生的影响，因而可以选择适当的方案，使组织的目标最大化。结合现代物流和供应链的特点，本研究给出如下的界定：

集成化物流就是将物流服务链上的所有节点企业作为一个整体，通过一定的制度安排，借助于现代信息技术和管理技术的支持，为提供集成化的物流服务而组成的集成化供应链管理体系。

1. 集成化物流的内涵

（1）它是基于共同的目标，通过一定的制度安排，将物流服务链上的所有企业通过集成方式形成的物流系统。

（2）它是以计算机网络技术和信息技术为支柱，以全球性物流资源为可选对象，综合各种先进的物流技术和管理技术，将节点企业内部供应链以及节点企业之间的供应链有机地集成起来进行管理。

（3）它通过充分利用人员、流程、技术和绩效标准等共享资源，实现协同运作，从而高质量、低成本，快速、高效地提供市场所需的物流产品或服务。

（4）它是一个由起领导作用的专业化资本或要素将物流系统所需要的其他专业化资本或要素，按一定方式进行构造和整合，形成要素紧密联系、协同运作的物流系统。

2. 与传统物流系统相比较，集成化物流的新观念

（1）起领导作用的专业化资本或要素就是集成化物流服务商。鉴于其在集成化物流系统的作用和地位，集成化物流服务商应该是智能型的，而不仅仅是运作型的。因为它主要凭借的是智力资本、关系资本和网络资本，所以它不一定自己拥有物流资产、物流网络、物流技术，但是它必须拥有物流信息，拥有全球信息网络平台，并具有站在物流服务需求方的角度进行物流系统规划、设计、咨询、协调、运作、管理和控制的能力，以及组织管理物流服务链全过程的能力。

（2）集成化物流的思想精髓在于聚合优势，协同放大。集成化本身就是一个主动寻优的动态过程，要素之间通过竞争性的互补关系联结在一起，从而实现集成整体功能的倍增和涌现（海峰，2003）。在集成化物流系统中所有节点企业都是基于共同的目标而组成的一个"虚拟组织"，组织内的成员，通过信息的共享、资金和物质等方面的协调与合作，优化组织目标，实现整体绩效的提高。

（3）集成化物流是一个大跨度系统。这主要体现在两个方面：一是地域跨度大。经济全球化，使得跨国公司为了实现竞争优势，开始在全球范围统筹资源，在全球范围安排其生产和流通活动。因此，要确保客户满意，集成化物流所提供的物流服务活动的触角就必须能够延伸到"地球村"的每一个角落，只有这样才有可能快速、准确地向客户提供"一站式"的高质量的物流服务。二是时间跨度长。集成化物流中的各专业化资本或要素，一般都是通过互相投资、参股、签订长期的战略联盟协议等方式建立供应链实现集成的。因此，集成化物流服务商与其供应商之间是一种战略联盟伙伴关系，它较之传统物流系统中"基于交易"的业务关系在时间跨度上要长得多。

（4）集成化物流所追求的是全球化运作。这里包含两个层面的意思，第一层意思是可以实现全球范围内的物流服务，它表明了集成化物流所能达到的活动范围和生存空间；第二层意思是行动方面的，也就是说集成化物流无论提供何种服务，都具有国际化水准。因为只有做到国际化水准才具有竞争力。

3.1.2 集成化物流的特点

（1）提供的物流服务是集成化的。传统的功能型物流企业的运作模式往往是单一功能的，即它所能提供的物流服务功能只能是单一的、标准的，无法满足客户需要得到的，包括电子采购、订单处理、充分的供应链可见性、虚拟库存管理、需求预测、客户服务管理等诸如此类的增值服务和个性化服务，从而迫使客户所需要的物流业务不得不寻找几家甚至几十家具有不同服务功能的物流企业来共同承担。一旦出现问题，客户便难以找到真正的责任者。相比之下，集成化物流不仅能提供仓储、运输、搬运装卸、包装、流通加工、信息处理等基本物流服务，还能提供诸如订单处理、物流方案的选择与规划、贷款回收与结算、物流系统设计与规划方案的制定等增值性服务，以及按客户特定的业务流程，设计一整套完善的供应链解决方案的个性化定制服务。在此，客户所需要面对的仅仅是集成化物流服务供应商，由它全面负责组织、管理、协调"一站到位"的系列化物流服务的全过程。

（2）提供物流服务的运作流程是无缝化的。集成化物流是一个大跨度系统，它借助于互联网技术和信息平台，通过标准、规范、制度等机制要素，将节点企业内部供应链和节点企业之间的供应链有机地集成起来，在一个品牌的基础上，实行管理一体化、服务标准化、业务规范化，从而成为一个无缝连接的运作整体。例如，集成化物流能很好地根据物流服务需求方的采购、生产、销售计划和业务流程，设计、选择最佳的物流运作方案，按时、按量、按品种、保质送达所需的生产地点，并按客户要求把生产线上下来的产品经过运输储存、搬运装卸、再封装、贴标签等环节，输送到客户的分销中心或直接运抵各地的零售店。

（3）提供物流服务的组织是网络化的。集成化物流通过物流经营管理组织、物流业务组织、物流资源组织和物流信息组织，按照网络式方式在一定市场区域内进行规划、设计和具体实施，最终在其服务市场区域内形成一个由物流干线网络、区域配送网络和市区配送网络所构成的三级物流网络体系，包括无形网络和有形网络。在这个三级物流网络体系中，网点要素（节点企业）之间通过共用的信息平台和共同的业务活动连接在一起，按照分工与合作的原则，各自发挥其所拥有的核心专长，使得每个网点要素的功能都得以放大，从而实现集成化物流反应快速化和物流服务总成本最优化的目标。

3.2 集成化物流的运行机理

集成化物流是根据系统理论、协同学理论、集成理论和供应链管理，对物流活动所涉及的不同环节、不同子系统的协同管理，对物流中的商流、存货流和信息流的优化平衡，以确保物流系统的有效运行。

1. 信息化

随着互联网、信息技术的广泛应用，电子邮件、电子商务、虚拟经济的发展，极大地改变了传统的生产、交易和生活方式。现代物流是物流服务功能的集成，管理和控制这些功能必然反映到对物流各环节的信息整合上来，从这个意义上讲，集成化物流是对物流中的信息流、存货流和商流的优化、协同，共同实现物流系统的目标。所以，信息是进行集成化物流策划和控制的基础，在根据物流服务需求的采购、生产、销售计划及其业务流程、设计、选择最佳的物流运作方案时，需要有大量的关于顾客的调货、仓储、配送等方面的信息。若集成化物流系统成员之间出现信息失真或传递不及时，必将会产生巨大的不经济性，如过分的库存、顾客服务差、物流计划不合理、误导运输供给和设计等，即导致出现所谓的供应链中的"长鞭效应"（Bullwhip Effect）。正如鲍尔索克斯（Bowersox）和克劳斯（Closs）认为，现在及时准确的信息对于物流的作用比历史上任何时候都重要。这是因为，首先，市场份额的竞争就是顾客的竞争，要使顾客满意和愉快，必须以最好的、最快的、最有效的行为，为顾客提供服务。在物流业中，向顾客提供及时准确的订单状态、产品可得性、交货计划和发票成为全面顾客满意的重要组成部分；其次，信息是降低库存和人员需求，达到竞争水平的重要因素；最后，信息在集成化物流的资源配置和服务计划之间的协调中发挥着重要的作用。

集成化物流的信息化主要表现为物流信息收集的数据库化和代码化、物流信息处理的电子化和计算机化。因此，要运用电子商务推广物流管理的四大新技术：条码技术（通过扫描对信息实现自动控制技术）、EDI 技术（电子数据的交换和自动处理）、GIS 技术（通过地理信息系统实现物流配送的最佳模型）、GPS 技术（通过全球卫星定位系统实现物流配置国际化）。上述四大技术的结合，将在集成化物流链上建立一个高新技术的物流链集成系统，从根本上确保物流信息能在开放物流链中实现物流的及时、准确的配置。

信息化建设是一项长期而艰巨的任务，根据有所为有所不为的原则，集成化物流应重点从以下几方面实施物流信息化建设。

（1）信息化整合。这里包含着两层意思，一是必须将集成化物流链上的所有企业和机构，都纳入信息化的整合范围。也就是说，必须把服务对象、服务对象的对象、服务对象的供应商，以及集成化物流服务供应商、集成化物流服务供应商的供应商等相关的企业和组织，都必须统统纳入统一的物流信息体系；二是意味着信息的统一化、标准化。

（2）物流信息标准化数据库建设。解决单一单位或系统的信息孤岛问题，在物流链上下游之间建立快速、及时和透明的信息传递和共享机制，实现不同行业、不同产品、不同单位的信息互联互通的关键在于物流信息标准化。为此，必须实施和制订出不同物流系统之间信息交流与处理的标准协议或规则，作为跨系统、跨行业和跨地区的物流运作桥梁，以顺利实现不同单位间物流数据的交流、不同地区间物流信息的交流、不同供应链系统间信息的交流、不同物流软件系统信息的交流等，最终完成物流系统集成和资源整合的目的。

（3）物流信息平台的建设与开发。物流信息平台是集成化物流成员间相互进行资源交换、优势互补的场地，更是集成化物流进行组织、运行、控制和管理的中枢神经。即它能实时、准确、透明地获取物流资源、物流需求、物流状态等数字化信息，承担整个集成化物流链资源的优化调配和服务计划协调的任务，支持管理、支持服务、支持业务操作、支持资源整合，同时为顾客提供国际贸易、国际航运信息服务及货物运输业务网上受理、运输解决方案、网上单据传递、货物动态跟踪、电子报关、网上结算等在线业务，为顾客提供无缝服务。物流信息平台的建设与开发必须从充分调动物流资源、物流单位相互支持和融合的角度出发，进行统一规划和实施。其主要由基础支撑、数据采集、数据资源、应用和用户五个部分组成，能承担物流组织、能力控制、资源控制、需求控制、电子商务、在运控制、物流动员、物流业务等任务。

（4）积极采用高效的信息技术。信息技术使得数据能够被快速、准确传递，提高了库存管理、装卸运输、配送发送、订单处理的自动化水平，使企业间的协调和合作有可能在短时间内迅速完成；同时，物流信息管理软件的迅速发展，促使在各项物流业务中的成本被精确计算出来，还能有效管理物流渠道中的商流。此外，由于顾客货物的特性，供应链各节点企业的地理分布、时间、服务要素形成的复杂物流网络，只有凭借信息系统的技术支持，在物流服务链各方实现信息实时共享的情况下才能流畅的运转。目前常用于支撑物流运作的信息技术有：信息快速交换的 EDI 技术、资金快速支付的 EFI 技术、信息快速输入的条码技术和网上交易的电子商务技术。这些技术为物流企业在供应方和需求方之间建立起良好的合作关系提供了有力的技术保障，提供企业内部信息系统与外部供应链节点企业和用户以很好的接口，促成信息共享和交互，达到操作的一致性。

2. 网络化

在现代信息社会环境下，网络是集成化的必要条件，是集成化系统有机联系及功能发挥的载体。在集成化物流系统中，网络既是实现集成化的联结条件，又是实现数据交换、完成集成功能的载体，同时集成化物流服务网络体系的建立，既可以迅速反馈顾客的需求信息，提高企业响应市场的速度，又可以大幅度地降低交流沟通成本、顾客支持成本以及库存占用费用等。此外，物流效率直接依赖和受限于物流的网络结构与规模。

作为物流管理与运行的基础依托，集成化物流的网络化包含两个方面的内容，一是实体化的物流网络；二是基于现代先进技术基础上的电子化的物流信息网络。这两者共同构成现代物流企业的运行平台。实体化的物流网络是集成化物流运作的物质基础，完善、发达的实体化物流网络将有助于提高物流运行的效率，降低物流成本。然而建立完善发达的集成化物流实体网络需要政府和物流企业的共同努力才可能实现，这是因为集成化物流的实体网络包括以下两个方面的内容：

（1）从宏观方面来讲，它是指物流企业及其物流设施、交通工具、交通枢纽等在地理位置上的合理布局而形成的有形网络。其中，基础设施如机场、铁路、道路与航路网络、管道网络、仓库、物流中心、配送中心、站场、停车场、港口与码头、信息网络设施等都是发展物流产业所必需的基本条件。从系统功能角度来讲，这方面的物流网络可分解为两个层次：一是由区域与国家综合运输网络构成、承接跨区域物流服务运作的综合性骨干物流网络；二是以各个物流枢纽为核心、以区域内运输网络构成、承担区域内物流服务的区域性物流辐射网络。在实际运作中，综合性骨干物流网络主要承担跨区域的长途干线分拨、跨区域配送等物流服务，而区域性物流网络则主要服务于区域内配送服务和城内与城间快运业务。

在发达国家，我们可以看到完善的高速公路系统、快速或者高速铁路系统、高密度的航空运输系统、宽阔的停车及装卸作业场所、大型自动化（物流）配送中心以及（物流）配送中心中设置的高架立体仓库、自动分拣系统、自动导向车系统、有标准化的可流通托盘等，这些都是现代物流平台所应具备的物流设施环境。很显然，就宏观环境建设方面来讲，实体化物流网络的建设在很大程度上依赖于国家与区域综合运输网络的发展水平。

（2）从微观方面来讲，它是指集成化物流系统自身所构建的业务网络，包括两个方面：一个是地域上的业务网络，它意味着所提供的物流服务能涉及多大的区域范围，如一个城市、一个地区、一个国家乃至世界各地；另一个是物流功能环节上的业务网络，它意指集成化物流所具备能满足顾客需求的各种业务功能的范围，如储运、增值服务、海运空运陆运各环节的报关代理、代理采购、金融保险、售后服务、逆向物流等。理论上说，在地域和环节上全部覆盖最能节约成本。但任何企业都不是全能的，都有自己的优势和劣势领域，同时单凭其自身的资源及能力也不可能构建成辐射宽广的物流业务网络。最好的办法是以合作伙伴、战略联盟或虚拟组织等的形式集成一批与企业自身在业务领域或地域上具有互补性的物流服务供应商，形成一种"双赢"或"多赢"的能提供集成化物流服务的物流运作网络。

由此可见，任何一家企业做得再大，单凭其个体实力，其实体化的物流网络建设都不可能遍布全国乃至全球的每一个角落。只有通过整合社会化的资源，实施集成化的运作方式才有可能构建跨行业、跨地域、跨区域的实体化物流网络。

3. 电子化的物流网络

电子化的物流网络指以计算机技术和网络通信技术为核心的各种技术以及在集成化物流中的各种管理信息系统共同组成的信息与通信网络。其中发达的计算机信息系统、卫星通信系统、全球卫星定位系统（GPS）、地理信息系统（GIS）等都是电子化的物流网络必须具备的基本条件。

加强系统的管理效率是集成化物流所面临的一个关键性问题。实现高效的关键在于各物流环节之间的协同运作，而协同运作则必须要在整个集成化物流链成员间建立起电子化的沟通渠道：一方面，以交叉理货为核心的各类现代化仓储设施所涉及的订单、发货单、装箱单和签收单等物流过程的信息处理要通过数字化来完成；另一方面，车辆、货物等在途信息也要以数字的形式始终与其他环节保持沟通。这样整个物流链成员间的业务流程将实现数据化、电子化，再通过有效的方式连接起来，实现物流信息的互动，整个物流系统将变成一个综合的立体的全方位的网络，物流将转化为灵活控制的信息流。显然要实现这个目标，就必须实现信息共享，整合所有的物流资源，要做到这一点就必须要有一个全国性甚至是全球性的电子化的物流信息网络平台。借助于这个物流信息网络平台，可以让所有的用户（物流企业、制造企业、商业企业及消费者等）输入的资料都直接进入数据库，以便进行各种各样的数据处理，所有的数据可以永久储存，所有的用户都可以在这个平台上互动经营。

集成化物流所要构建的物流网络应该是一个遍布全国乃至遍布全球的真正的物流网络，是实体化的物流网络和电子化的物流网络融为一体、结合在一起的物流网络。

4. 社会信用

从集成化物流服务的全过程来看，它实际上是一系列委托与被委托、代理与被代理的关系，是完全以信用体系为基础的。其成功运作在很大程度上依赖于集成化物流链成员之间信用的建立和保持。信用是关键的，因为它是集成化物流得以存在和发展的基础，是使伙伴关系、战略联盟成功的一个重要因素。更重要的是，它是吸引顾客的主要资本之一，因为集成化物流链成员之间的联结以及与顾客之间的联结都是建立在以"契约"为基本特征的信用基础上的，其方式可以有三种不同的供给制度安排，即永久性契约、一系列的短期契约和纵向一体化。不论哪一类契约关系，其形成的"两难困境是：为了防止独立的各方当事人从对自己有利的角度来解释契约的模糊之处，就必须对各种意外的供给关系做出详尽无遗的规定。否则，各种分歧就只能通过无休止的争论乃至最终诉讼才能解决。即使假定详尽无遗的规定是可行的话，它的代价也是昂贵的"（奥利弗·威廉姆森，1996）。这样，机会主义行为的存在可能会阻碍契约的实现，从而迫使一方当事人进行纵向一体化。从物流的历史看，物流随着一个社会的诚信度的提高而变得更容易，因此，基于信任的合作是实施现代物流最根本的理念。

新中国成立以来，先有经济生活政治化、"砸碎孔家店"等一系列举动，改革开放以后，在推行双轨制、向市场经济转型的过程中，又出现了诸多的不规范交易行为。其结果就是，整个社会的信任程度普遍下降，制假售假、商业欺诈层出不穷，"三角债"越清越多，这些都在很大程度上妨碍了物流企业与生产企业、供应商之间的正常合作，从而影响物流产业的健康发展。因此，建立现代社会信用体系是促进物流产业发展所需的社会公德环境的基础，也是确保集成化物流能够生存、壮大的条件。

建立社会信用体系至少要从微观和宏观两个层面上加以努力。从微观上来讲，物流企业必须建立诚信经营的自律机制。第一，制定诚信经营准则。通过制定明确的诚信经营准则，使企业明确自己的社会责任和社会使命，使职工明确什么是诚信经营，怎样做才符合诚信经营准则，怎么做违背了诚信经营准则，从而使组织诚信与个体诚信同步协调，促进企业的持续发展；第二，企业家群体应注重自律垂范。企业诚信经营准则是由企业家群体制定的，企业家应率先执行企业诚信经营准则，不能只说不做，也不能说一套做一套；第三，加强诚信经营教育。一个企业要想获得发展，就必须把自己建设成为一个诚信型的组织，为此开展诚信经营教育，丰富职工的诚信经营知识，提高职工诚信经营的水平是一条必经之路；第四，建立诚信经营的奖惩制度。要确保在企业中形成一种良好的诚信经营的环境，就必须有一套赏罚分明的制度来加以保障。从宏观上来看，政府应该大力推进社会主义市场经济的发展，制定各种诚信经营的政策、法律、法规、法令，保证企业诚信经营既有强大物质基础，又有章可循；要加大舆论宣传，在整个社会倡导诚信经营观念，弘扬诚信经营精神，鼓励诚信经营行为，提高诚信经营水平，打击非诚信经营现象，政府各执法部门要充分发挥其职能部门的作用，加大对企业诚信经营的监管与指导的力度，努力创造公平竞争、诚信经营的社会环境，认真维护企业、消费者的合法权益。

3. 3　集成化物流的资源整合

工业时代兴起的精细分工在提高生产效率、降低生产成本方面已体现出巨大优势，然而，在新经济时代，现代企业却在时效性受到制约的方面反映出这种精细分工所存在的问题。在这种精细分工体系下，每一个组织或职能部门只是完整流程的一部分，各组织部门被限定在从事专门业务活动的特定单元之中，各单元间的联系与沟通受到各种条件的限制，其结果是各组织部门"各人自扫门前雪，莫管他人瓦上霜"。表面上看这种分工在各业务单元中是合理而高效的，但事实上一个原本应为完整的业务流程却被若干职能部门分割得支离破碎，高额的物流成本、低下的整体效率，使得企业的生产与流通存在着巨大的浪费。这些问题的存在迫使人们在社会化大生产的总体框架下，重新考虑新的物流模式的建设问题，即各种物流资源的整合问题。

1. 现代管理理念整合

要想整合物流资源，必须整合思想。只有从思想理念上寻找突破口，才能真正推进集成化物流的快速发展。在现阶段，必须实现集成思想、协同学思想、网络化客户关系管理、供应链管理、价值链管理、企业资源规划、全球运筹管理和业务流程重组等现代管理理念的整合，并将这些整合的理念贯穿于对各种相关物流资源的整合过程，从而实现集成化物流的高效、快速的协同运作。

（1）集成思想。集成的基本思想就是把企业作为一种资源进行结构调整和优化组合。通过集成，将企业及其资源链接成动态的网络结构系统，使企业资源得到充分有效地利用，或者说所耗的资源最少，从而最大化地实现价值增值。从本质上讲，集成强调人的主动创造性行为和要素的竞争性互补关系，追求实现集成体的功能倍增和适应进化性。

（2）协同学思想。它表明通过对系统中各子系统进行时间、空间和功能结构的重组，产生一种具有"竞争—合作—协同"能力，其效应远远大于各子系统。对于集成化物流系统而言，通过建立"竞争—妥协—竞争—合作—竞争—协同"的协同运行机制，把系统中价值链形成过程的各要素组织成为一个紧密的"自组织"体系，共同实现统一的目标，使系统利益最大化。

（3）网络化客户关系管理。通过先进的数据库技术和数据挖掘技术，利用互联网的互动式工具对客户关系进行支持和管理，实施客户信息全方位跟踪，分析现有客户和潜在客户相关的需求、模式、机会、风险和成本，进行营销、服务和关系管理，实现"大规模定制服务"，满足更广泛的客户需求，为企业增加更多的商业机会，帮助企业进行决策。

（4）供应链管理。强调通过利用现代各种信息技术手段，对业务流程进行改造和集成，以及与供应商和客户建立协同的业务伙伴联盟，为企业实现内部资源和外部资源的有效控制、优化调配提供了可能，从而大大提高了企业的竞争力。

（5）价值链管理。企业的价值链代表了企业为获得最终产出而组织企业资源的能力。通过价值链的分析可以将企业的成本分解为各种各样的功能性成本，以便更好地辨认出可能的差别资源及价值链组织的合理性，从而理解企业获得持续竞争优势的源泉。

（6）企业资源规划。就是利用网络来整合企业内部财务、销售、物流、战略等资源，以发挥企业每一份资源的最大化效益。

（7）全球运筹管理。也就是整合全球的信息、运输、存货、仓储、原材料处理、包装等过程，以支持企业策略和满足顾客需求。其主要观念就在于实现全球资源最有效的分配和利用。

（8）业务流程重组（BRP）。强调从根本上对原来的业务流程做彻底的重新设计，把直线型结构转变成平行结构的流程网络；强调以首尾相接的、完整连贯的整体性业务来代替过去的各种职能部门割裂的不易看见，也难于管理的破碎性流程。重视顾客服务，围绕过程进行组织（是重组的核心思想），对企业结构进行重组、运用计算机、网络通信和专家系统等信息技术，这是业务流程重组的四个重要的组成部分。

2. 客户资源整合

实际上，现代物流的本质就是客户服务，就是在新的管理技术和现代服务理念基础上形成的客户服务。因此，客户资源整合是在现代物流的活动中，将客户资源集中在一个系统中进行统一设计和运用，根据客户价值为其提供差异化的产品和服务，提高客户的满意度，并把满意的客户转变成为忠诚的客户，建立起长期合作的战略伙伴关系，从而最终实现客户服务成本最低化、客户服务效率和效益最大化的目标。

由于物流企业的客户资产具有不可积累性、不可储存性，一旦物流企业的服务不能再满足客户的需求，客户就会"用脚投票"，致使以往的客户投资付诸东流。因此，物流企业必须依据系统优化和供应链管理思想，采用各种客户资源整合的方法，对客户资源进行持续的整合，从而形成规模化、集成化和个性化的客户服务。

（1）物流企业客户资源整合的重点是老客户（王佐，2003）。客户资源整合，说到底就是为了争取客户，扩大市场份额。因此，物流企业的客户资源整合在操作层面上就是留住老客户，发展新客户。由于开发新客户的成本常常是留住老客户的 5 倍，所以客户资源整合的重点应该放在老客户方面，并且老客户的示范效应对新客户的开发具有促进作用。留住老客户的最根本要领就是要把客户服务理念融于日常的物流管理活动中，具体来讲就是，一要经常开展对物流服务业务的管理评审，找出差距，持续改进；二要实现个性化，即随时跟踪主要客户和特定市场的发展。

如若能实施全方位的物流服务将是留住老客户和发展新客户的最佳途径，也是一个拓展空间极大的服务创新的理念。

（2）服务差异化。强调对不同层次的客户提供不同层次的服务。一般来说，可根据每个客户对企业利润贡献的大小分为三类：第一类是对企业贡献最大的前 5％的客户；第二类是排名之后的 15％的客户；第三类则是剩余80％的客户。针对第一类客户提供会员服务，就是要与他们保持最紧密的联系，如结成战略联盟等，要采取积极主动的服务甚至做出一些超前的服务设想和服务储备；针对第二类客户提供会员制服务，也要求与客户保持亲密的联系，尽可能地去满足客户的个性化的需求；针对第三类客户主要提供标准化服务，也就是为客户提供行业最基本的服务。

（3）构建客户综合知识模型（刘伟华，晏启鹏，2003）。客户服务是物流企业运作的核心要义所在，只有在全面掌握客户知识的基础上才能实施以客户为导向的企业战略，并进行客户资源整合，才能充分发挥企业的核心竞争能力。为此，必须建立物流企业的综合客户知识模型。该模型主要由客户界定、客户沟通渠道、客户需求、客户交易行为、客户生命周期、客户关系等级和客户综合价值等子模型组成，它反映的不仅仅是简单的客户相关信息（属性）的集合，还包括对这些基本信息进行处理后产生的外延知识的汇集。综合客户知识模型为全面了解客户综合价值、客户关系的发展趋势提供了详尽的信息，从而为实施有效的客户资源整合决策提供了保障。

3. 物流服务能力资源整合

物流服务能力是指物流企业所具有的在尽可能低的总成本下提供有竞争优势的顾客服务的一种相对的评估（Bowersox，Closs，1996）。它是通过一系列的功能活动来实现的，而与这些功能领域有关的工作相结合，便产生了实现物流需要的能力。物流服务能力主要包括：

（1）物流服务所需的有形的实体资源，如必需的运输设备、仓储设备、信息网络等。

（2）物流服务所需的无形的技能资源。如网络设计、组织管理、货运组织方式、存货控制能力等。

（3）物流服务所需的知识资源。如拥有丰富的物流管理知识、对具体产品的物流运作有透彻的了解等。

（4）有效的物流管理团队。物流管理团队还要拥有较强的资源整合能力，资源整合能力就是要在互信和共赢机制作用下，通过对物流企业的无形资源和有形资源进行系统化的整合，以形成一个有机的资源整体，从而达到系统功能倍增的效果。

物流服务能力资源整合的途径主要有以下几种：

（1）物流企业间的并购或参股。

（2）建立广泛的战略联盟。

（3）物流服务创新。物流服务主要分为基本服务和增值服务。物流服务创新意味着物流企业必须不断地推出新的物流服务产品来满足顾客的需求，即在基本服务的基础上延伸出许多相关的增值服务。具体来说可从以下几方面入手：一是增加便利性的服务，如电子商务物流；二是加快反应速度的服务，如提高车辆运输速度；三是降低成本服务，以帮助顾客发掘第三利润源，降低物流成本；四是延伸服务，如物流企业的服务范围可以向上延伸到市场调查与预测、采购及订单处理，向下可以延伸到配送、咨询等。

4. 信息资源整合

集成化物流的信息资源整合是一项跨越多组织、多元企业文化之间和对原有信息系统流程改造的复杂过程。它的整合实际上就是以流程变革为主线索的跨越集成化物流各成员企业的系统集成过程。整合的目标是：紧紧围绕系统的战略目标，从整体利益出发，利用价值链的思想合理化系统内业务开展的流程，借助 IT 系统，实现信息在系统内快速、安全、畅通地流动，带动物流和资金流在系统内的快速运动，并利用现有的数据建立合理的数据模型，为系统的决策提供科学合理的依据。

众所周知，由信息共享而实现物流运作全过程的可见性，由可见性而实现物流服务全过程的可控性，由可控性而实现物流系统的适应性，由适应性而实现物流系统输出的一致性和产品的可得性，以至顾客满意，这就是信息资源整合的基本逻辑（王佐，2003）。

由此可见，信息资源整合的关键就在于建立跨企业边界的信息共享机制。由于集成化物流具有功能上的集成完整性、成员上的多元性、地域上的分散性和组织上的非永久性等显著特征，因而信息共享机制就成为集成化物流成员企业间建立相互信任、相互依赖、长期合作、共同发展的基石。正如威廉姆森认为信息共享能够有效缓解有限理性和制约机会主义［威廉森（Williamson, O E），1985］。因此，在一个多利益群体当中，如果没有较充分的信息共享，就很容易出现机会主义行为，难以合作成功。只有建立了信息共享合同制，成员间有了更多的信息时，决策就不得不照顾各方的反应，此时的决策便更为理性，更利于实现合作。

信息资源整合离不开 IT 系统的支持。IT 系统的技术支持包括网络技术、通信技术和软、硬件技术支持。由于技术支持的保障，集成化物流的协同可以实现成员企业之间、功能小组之间、人员之间以及与顾客之间的一对一、一对多、多对一、多对多等多形态的协同方式，从而更好地将各自的优势资源整合起来，共同为顾客提供优良、快捷的物流服务。

5. 物流流程整合

物流流程整合，是指将经过创新、自动化和简化的流程重新结合，保证整个物流流程顺畅、连贯，更好地满足顾客需求。物流系统从生产、分配、销售到顾客的运作过程不是孤立的行为，是一环扣一环的，相互制约、相辅相成的，并且物流作业与活动具有跨功能、跨企业的特性，因此，必须协调一致，才能发挥其最大经济效益和社会效益，故物流流程整合则是确保物流管理成功的必要条件。物流流程整合主要包括以下几方面：

（1）流程整合。由于现代物流技术的广泛应用，使得过去需要多人才能完成的工作可以由一个人来完成，从而可以大大加快组织内的物流和信息流的速度，减少发生错误的概率。

（2）组织整合。即根据完成任务的流程的特点，采用团队形式，以完成单个成员无法承担的系列活动。成员空间距离的拉近意味着很多问题不再出现，即便出现问题也能迅速得到解决。

（3）与供应商整合。就是要与供应商结成更为紧密的依存关系，其关键是信任和伙伴关系。这就要求从供应链的整体出发，从物流的全过程出发，通过信息共享，改善企业及供应商之间的协作关系和运作模式，消除一些不必要的烦琐的官僚手续，以提高系统效率。

（4）与客户整合。就是要与客户结成更为紧密的依存关系，通过实现物流信息的共享和交流，加大物流流程的透明度，建立起以客户为导向的物流流程，为实时控制物流过程提供条件，从而实现过程同步、交货准时、响应敏捷并最终使客户对接受的服务感到满意。

3.4 集成化物流的运作模式

3.4.1 一般运作模式

集成化物流的物流业务是非常繁杂的，从覆盖地域来讲，它可能随着顾客的市场边界的扩大延伸到全国各地，乃至世界各地；从涉及的物流业务环节看，它可以覆盖到从前端的采购到后端的供应等环节，即具备满足顾客需求的各种业务功能，如储运、增值服务、海运空运陆运各环节的报关代理、代理采购、金融保险、售后服务、反向物流等。面对如此广阔的地域和众多的领域，集成化物流的业务运作过程不可能单纯地由集成化物流服务商来安排各个物流环节的运行，这不仅不利于提高物流服务质量，影响对顾客的反应速度，同时也容易导致整个系统管理秩序的混乱。因此，集成化物流的运作模式应该是一种以订单驱动的物流运作模式，只有这样才有可能更好地协同各成员企业间的运作步调。

　　所谓"订单驱动物流运作模式"，指的是整个物流业务流程由顾客订单这一需求媒介来拉动，通过顾客订单的拉动，保证整个集成化物流体系的协同运作。图3-1是集成化物流的一般运作模式。

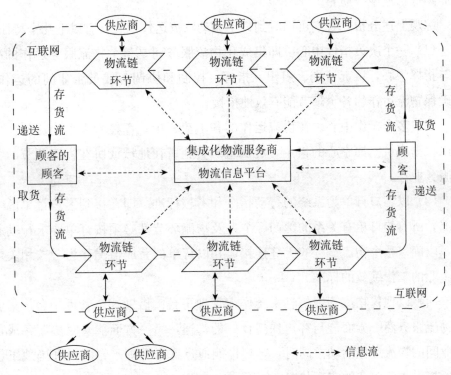

图3-1　集成化物流的一般运作模式

在订单驱动的物流运作模式中，集成化物流服务商负责统筹规划整个系统的物流流程，控制和协调各成员企业间的运作，以使物流各个环节能有效地衔接，从而实现物流资源的最有效利用和服务质量整体最佳；并负责制定统一的服务标准、操作规程、管理规范等。因此，它是指挥中心、决策中心和利润中心，它通过基于因特网（Internet）的物流信息平台实现与成员企业及顾客的信息沟通，以确保其对系统的集中控制，确保面向顾客的一致的、一体化的、可跟踪的全过程服务。

除了指挥中心外，还需要有许多操作中心来实施相应的各个环节、各个地域的物流服务。操作中心需要具备物流某个或某几个环节的服务能力，遵循指挥中心制定的严格统一的服务标准、操作规程、管理规范。在实施具体的业务运作中必须绝对服从指挥中心的指挥，一切为指挥中心服务，一切以指挥中心的最大利益为自己的利益，绝不能各自为政，打乱整个运作流程，从而降低物流服务质量。

综观上述分析，我们可以看到订单驱动物流运作模式具有以下几个特征：

（1）一个决策指挥中心。即集成化物流服务商是整个物流服务运作的决策与指挥中心，负责计划、组织、指挥、控制和协调各成员企业间的运作，以确保物流运作的各个环节能有效地衔接。

（2）多个操作中心。在物流运作的各个流程中，存在着多个物流操作中心以根据决策指挥中心的指令，负责组织实施所在地域或所在物流环节的物流服务业务。

（3）以客户订单为系统的行动指令和考核标准。即在接到客户订单的一刹那，所有与订单有关系的部门、个人及物流环节都必须按订单要求行动起来，以确保整个物流流程的无缝连接，并以订单的完成情况作为考核相关成员企业的工作绩效的标准。

（4）以现代物流管理信息系统作为管理平台。借助这个管理平台，集成化物流服务商一方面能与客户保持良好的沟通，另一方面能及时协调各成员企业间的物流运作活动。同时，客户也能通过这个管理平台及时准确地了解到所提供物流服务的实现状况。

订单驱动物流运作模式，从物流流程上真正建立起了一套依靠市场需求来推动集成化物流系统运作的机制，是一种与"准时化"生产相配套的物流运作模式，适用于以"速度制胜"为宗旨的顾客物流服务需求。它以订单作为物流业务处理的依据，以订单来考核物流业务执行的效率，以订单来协同成员企业间的运作，从而推动了整个物流业务的准时化、同步化运作的顺利实行。因此，要确保"订单驱动物流运作模式"的有效实施，首先，必须要有一个高效、强有力且指挥灵活的指挥中心，能担负起对整个物流流程的组织、指挥、协调和控制工作；其次，必须要有一个先进、高效且具有很强可见性的信息网络平台，它一方面能无阻碍地实现与顾客信息网络的无缝对接，另一方面也能实现与物流服务供应商的信息网络无缝连接。

3.4.2 "物流中心＋配送中心"模式

集成化物流所要构造的物流网络将是一个面向全国性乃至全球性的物流网络。因此，那种传统的"一对一"或者"多对多"的直送运作模式难以适应其发展的需要，原因有两个：一是这种直送运作模式效率太低，无法满足业务增长的需要；二是辐射的范围非常有限，无法满足跨地域、大范围的物流服务需求。

"物流中心＋配送中心"模式（Logistics center ＋ Distribution center，LD）是一种具有普遍意义的集成模式，其核心内容集中体现为 6 个字：收集（Collection）、交换（Exchange）、发送（Delivery），简称 CED。由于它的前提是 LD，所以将这种模式称为 LD‐CED 模式。

（1）收集"C"，即将分散的业务对象收集起来。有两种具体的操作形式：一种是积少成多，然后进行集中批量处理的操作方式。它强调的是规模优势，追求的是低运行成本；另一种是建立业务平台和业务处理机制。它注重的是个别处理，追求的是时效性，讲究的是运作速度，而不是批量处理和低的运行成本。当然这并不意味着它不考虑成本，只是成本在此不是第一位的。

（2）交换"E"，即将收集起来的业务对象在集中地的"物流中心"进行分类、汇总，将业务请求目的地相同的业务通过干线运送至目的地的"物流中心"，然后再由该"物流中心"将相同请求目的地的业务对象送至离目的地最近的或者分工负责那个地区的"配送中心"。

（3）发送"D"，即将由"物流中心"发来的业务对象进行集中，并统一送到目的地。

图3-2是LD-CED模式的一般结构图，从图中可以看到它属于"枢纽—辐射式网络结构"，具有以下几方面的特点：

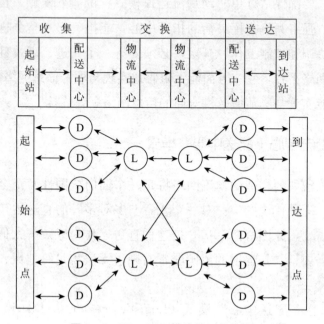

图3-2 LD-CED模式的一般结构

第一，物流中心主要实现长距离、大批量的物流服务，它所面对的是多个配送中心，所提供的是规模化的物流服务。

第二，配送中心则主要完成短距离、小批量的物流服务，它所面对的是广大的个性化的客户群体，所提供的是个性化的物流服务。

第三，LD-CED模式的实施过程总是双向的，是一个"个性化—规模化—个性化"的实施过程。即通过一端的配送中心将各客户分解的物流需求汇集成批量，在物流中心进行集中批量运输，然后通过另一端的配送中心将集中的物流需求分解到各需求客户的手中。

LD-CED模式，将分散、零星的业务积少成多，并且提供了一个进行业务交换的平台，是一种增值性的物流业务运作模式。凡是需要将业务对象从一个地点向另一个地点转移的业务活动，不论业务对象是人员、物品、还是资金、信息，只要需要进行空间位置的转移都可以采用这种模式。但在采用该模式时，物流中心、配送中心的合理配置是实现有效运作的关键。首先，必须建立以物流中心为枢纽、以配送中心为辐射点的完善的物流网络体系；其次，必须能协调好枢纽与辐射点之间的分工和衔接；最后，能充分发挥辐射点为枢纽集散货源的功效。因此，该模式非常适用于在物流中心要求少品种、大批量、大辐射范围的物流服务，而在配送中心则要求多品种、小批量、小辐射范围的物流服务。目前，这种集成模式在运输、邮政、电信、银行等行业都得到广泛的运用，如航空运输中的"干线—支线模式"。

UPS 是全球最大的包裹递送公司，为 200 多个国家和地区提供全球范围的物流服务，使用超过 610 架飞机、160000 辆车辆以及 1700 间转运中心，每个工作日发送 1200 万件邮包。但凭借其非常庞大的全球业务运作网络以及所运用的先进技术，采用类似 LD—CED 模式的业务运作模式，从而简化了业务运作流程（见图 3-3），使得这么庞杂的业务得以非常顺利地进行。

图 3-3 UPS 的业务运作流程

3.4.3 大规模定制物流模式

面对既要满足低成本、高效率，又要满足客户个性化要求的双重压力，企业要么保持大规模生产的模式，眼看客户的流失；要么转型为定制式生产模式，以满足客户个性化的要求，而不得不忍受高成本、低效率和客户服务质量的降低，最终还是无法避免顾客的流失。然而，通过新技术和新管理方法的应用，人们发现了一条通向新范式的途径：通过灵活性和快速响应实现多样化和定制化——这就是大规模定制。它是以大规模生产的成本、质量和效率满足众多不同顾客个性化需求的一种精确的生产方式，具有以顾客需求为导向、以现代信息技术和柔性制造技术为支持、以模块化设计及零部件标准化为基础、以敏捷为标志、以竞争合作的供应链为手段等特点。

大规模定制物流则是指根据客户的不同物流需求进行市场细分，运用现代信息技术、物流技术以及先进的物流管理方法，通过对物流功能的整合和模块化、标准化，实现以大规模物流的成本、质量和效率为每位客户提供个性化的定制物流服务。

作为一种新型的物流服务运作模式，大规模定制物流具有以下几方面的特征：

（1）以客户需求为中心。大规模定制物流是基于个性化客户需求的物流运作模式，是完全以客户订单为中心和出发点，通过订单信息的共享，快速完成订单的定制要求。

（2）以物流市场细分为手段。大规模定制物流模式是从物流角度对物流需求市场进行细分，划分出不同的客户群，并根据每个客户群的需求特征，确定物流服务水平，实施差别化的物流服务战略，提供客户所需要的物流服务，从而避免为单个客户定制物流服务水平的复杂性和低效率。

（3）以物流功能模块化、标准化为基础。物流服务功能主要包括运输、储存、搬运装卸、包装、流通加工、信息处理等，各个功能可以作为物流服务的模块，并进行标准化。在需要提供物流服务时，可根据具体的客户需求进行物流功能模块的组合，以物流服务总效益最大化为指导，实现各功能模块的协调。

（4）以现代信息技术和物流技术为支撑。大规模定制物流模式要在获得规模经济效应的同时，提供客户化的定制物流服务，必须依靠现代信息技术和物流技术的支撑，才能实现对客户需求的快速、有效、准时、可见、低成本和高质量的物流服务。

实施大规模定制物流模式必须重点抓好以下四个环节。

第一，客户物流需求采集和细分。理解、响应、实现客户需求和分析客户群是实现大规模定制物流的第一步。为了赢得市场，需要准确理解自己的客户群以及他们的要求，并根据客户需求提出有效的客户化定制方案，进行从物流服务设计到订单实现的物流流程重组。为此，应该具备一个完备有效的客户数据库，并能够及时采集到客户需求信息。

物流细分主要是以客户的物流需求和产品的物流特征为基础，根据购买关系性质、订单内容、订货和账单送交方式、运送内容、服务支持等，按照一定的标准划分客户群，从而为物流服务水平的设计奠定基础。通过物流细分，将具有相同物流需求特征的客户划为一个客户群，并明确各个客户群需求以及各种物流需求的优先性，然后可根据企业实力、竞争状况等因素确定目标市场，选择不同的目标市场战略。

第二，物流服务水平设计。在细分物流市场，明确客户群物流需求之后，需要根据企业的物流服务能力、竞争者的物流服务能力，以及可能采取差异化战略等进行综合权衡，针对性地为每个客户群定制物流服务水平。为了提高客户的忠诚度，扩大市场占有率，通常应在物流服务水平的设计方案中增加新的物流服务，即增值物流服务。如若现有物流服务能力不能满足客户的物流服务要求，需要增加新的物流服务能力时，应对新增物流服务能力的总成本和收益机会进行分析，以做出正确的决策。

第三，物流服务能力重构。要达到所设计的物流服务水平，往往需要对企业原有的物流服务能力进行调整与重构。为此，应重点从以下三方面进行综合考虑：一是物流业务流程必须能确保有效地提供大规模定制物流服务；二是物流资源和技术能有效地支持大规模定制物流服务；三是物流服务者的素质、能力和数量能应对在大规模定制物流服务中可能出现的任何突发性事件。

第四，物流流程环节模块化以定制最终物流产品和服务。实现大规模定制物流服务的最好方法不仅要以最低的成本、最高的个性化定制水平提供服务，还需建立能重组多种最终物流产品和服务的模块化物流流程环节。这样就可以根据具体的客户需求，以物流服务总效益最大化为原则，对物流流程环节模块进行重组，从而满足顾客的个性化需求。

大规模定制物流模式是一种需求拉动型物流服务模式，旨在充分识别顾客的物流需求，并根据需求特征进行市场细分，寻求差别化的物流服务战略，从而通过对物流功能的重组和物流运作的重构，提供顾客化定制物流服务。因此，要实施大规模定制物流模式必须具备以下条件：

其一，具有强大的现代信息技术和物流技术作为技术支持；

其二，能够较为清晰地细分出不同物流需求的顾客群体，并以此来确定物流服务水平；

其三，能较好地实现物流服务功能的模块化、标准化。

3.4.4　集成化物流运作模式

（1）信息化、网络化和社会信用是集成化物流有效运作的基础。实施物流信息化，一要进行信息整合；二要建立信息标准化数据库；三要构筑完善的信息平台；四要采用先进的信息技术。一个完善的物流网络必须包括有实体化和电子化两方面的网络体系，只有这样才能达到实、虚同步运作。社会信用是现代物流产业的基础，同样也是集成化物流的基础，一个没有信用的企业是不会有生命力的，尤其是对物流产业而言，物流企业所提供的主要服务功能是为顾客（制造企业、销售企业和消费者）代理运输、储存货物，若没有良好的社会信用，顾客如何放心地将其货物交由第三方物流企业代理运输和储存保管。

（2）应用系统的思想、集成的思想实施物流资源的整合，是当前我国物流产业必须认真思考的问题。集成化物流的资源整合必须从管理理念、客户资源、能力资源、信息资源以及物流流程等方面全面展开，唯有如此才能收到好的效果。在管理理念整合方面，必须实现集成思想、协同学思想、网络化客户关系管理、价值链管理、供应链管理、企业资源规划、全球运筹管理和业务流程重组等现代管理理念的整合，并将这些理念贯穿于整个物流过程；现代物流的本质是客户服务，对客户资源整合应重点放在老客户方面，以此带动发展新客户，并针对不同层次的客户实施差异化服务；能力资源整合应从有形的实体资源和无形的技能资源、知识资源及管理团队等方面展开；信息资源整合的最终目的就是要建立起能跨企业边界的信息共享机制；物流流程整合主要包括流程整合、组织整合、与供应商整合、与客户整合四个方面的内容。

（3）集成化物流的运作模式应该是一种以订单驱动的物流运作模式，同时针对不同的客户要求可以采用不同的具体运作模式，在这里提出并分析了"物流中心＋配送中心"模式和大规模定制物流模式两种典型运作模式。

3.5 集成化物流的管理模式

作为一种全新的战略管理模式，集成化物流的管理强调通过物流链各个节点企业间的协同与合作，建立战略伙伴关系，将物流服务商的内部资源、能力与供应商的资源、能力有机地集成起来进行管理，达到全局动态最优目标，最终实现物流链"多赢"的目的。集成化物流的管理思想是多赢、合作与协同，并贯穿整个物流链管理过程的始终。

3.5.1 集成化物流管理的一般模型

在信息技术的支撑下，集成化物流的管理功能都可以通过信息系统（信息平台）予以实现，这为管理界面的集成提供了技术上的保障。将物流链中各节点供应商的管理界面通过相容性和互补性之后，在一个共同的目标上进行有效的集成，形成一个集成的管理界面，对物流链中的存货流、信息流、资金流以及业务流进行同步化处理和优化，实现物流链信息和管理的同步化，从而实现信息流、存货流的同步融合，最终产生集成化物流链的功能涌现。

图 3-4 为集成化物流管理的一般模型。在该管理模式中，物流服务商为分布、异构应用系统之间的信息集成提供信息标准、接口定义，从而驱动封装单元系统（供应商）之间的应用来实现物流管理。处于集成化物流系统中的各个供应商将各自的管理系统，如管理信息系统（MIS）、制造资源计划（MRPⅡ）、企业资源计划（ERP）等，按可提供服务所定义的接口规范进行封装，并采用"单点集成"的方式连接到信息平台上，从而实现了数据透明存取。此外，该模式具有良好的可扩展性，为集成化物流服务商根据市场的变化快速重构相关的信息系统和选择新的供应商奠定了基础，也为供应商配置自己的管理系统，参与到多个不同的物流链系统中去提供了方便。

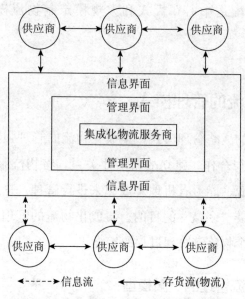

图 3-4　集成化物流管理的一般模型

3.5.2　集成化物流的几种管理模式

1. 即时客户反应管理

即时客户反应管理意味着物流服务在接到客户订单的一刹那，整个物流链的各个环节就开始同步动作起来，确保将适当的商品、较好的品质、适当的商品数量，在适当的时间、以适当合理的价钱，运送到适当的地点和利用适当的信息联系有关的物流流程中各个企业，从而达到使客户高度满意。

实施即时客户反应管理需要有一个集成化的物流管理系统作为基础保证。集成意味着把物流链上核心企业以及节点企业之间的各种业务看成一个整体功能过程，通过信息技术、物流技术和管理技术，形成集成化的物流链管理系统，以实现对整个物流链资源的充分利用。借助于这个集成化的物流链管理系统，核心企业就可以通过有效的合作，实现从顾客提出要求到完全满意的"一条龙"流程效应。即时客户反应物流链管理系统，可以通过以下两个途径建立：

（1）在物流链成员企业间建立基于 Intranet/Internet 技术基础之上的快

速反应系统，实行信息数据共享。

（2）在物流链集成的基础上，实现存货流、业务流与信息流的同步化运作。这不仅依赖于物流链成员企业间信息网的畅通无阻，而且还依赖于成员企业间相互的合作支持与信任。

2. 物流活动效率化管理

物流活动效率化管理是在有效的前提下，对物流流程中的价值增加或价值实现的流程或活动进行效率化管理。创新、清除（主要是指对物流流程内的非价值增加的流程或活动予以清除）、简化（对过分复杂的流程或活动进行简化）、整合和自动化（采用新技术使物流流程自动处理）是实施物流活动效率化管理的基本原则。

物流效率化的前提应该是在有效的情况下进行的，对于最终不能达到价值实现的物流流程进行效率化是无效的，也是没有意义的，所以真正的效率化必须从减少这种不能实现价值的物流流程入手。在物流流程中，存在相当数量的非价值增加的流程或活动，具体可分为两种情况：一是原来不多余的，但现在由于各种条件的变化变得多余了。如由于新技术（EDI）的采用，导致原来需要在不同部门间进行的数据输入活动成为多余的；二是由于物流流程设计得不合理，某些流程或活动根本是多余的，即完全毫无意义，却存在的物流环节或活动。如在物流流程中普遍存在的迂回运输和对流问题。

所以，提高物流活动的有效性以及高效性，可以从两个方面考虑：

（1）改变物流活动流程架构，实施物流流程重组。即从客户需求出发，以物流流程为改造对象，对整个物流链流程进行根本性的思考和分析，通过对物流流程的构成要素重新组合，设计和优化物流流程的各个功能和环节，产生出更有价值的结果，从而更好、更快、更省地完成物流流程的目标。

（2）实现即时的信息共享。信息共享是实现集成化物流链的基础，物流链的协调运行是建立在各个环节主体间高质量的信息传递与共享的基础上。信息共享能克服多余的、不必要的以及无效的物流活动或环节，从而为效率化活动开展的有效性带来基本的前提——不是在没有效果的活动上进行效率化活动。

3. 实物流、信息流的同步融合管理

物流是物质资料从供给者到需求者的物理运动，"实物流"和"信息流"是伴随其中的两个基本要素。由于物流系统连接制造商、运输商、分销商及客户，地域跨度大、时间跨度长、信息依赖程度高，随供求的变化而变化。因此，实施有效的物流管理迫切要求物流系统的信息流能和实物流保持同步协调一致，真实地反映出从生产、分配、销售到用户一环扣一环的行为，从而确保提供及时的物流服务，满足顾客的需求。

实物流、信息流的同步融合管理要求从综合的、整体的、系统的角度，考虑如何有效采集、处理实物流动和信息数据流，从而最大限度地发挥出物流系统的功能效益。其核心在于"实时"，但它并非指时间上的"实时"，而是指管理上和业务流程上的"实时"，更准确地讲是要在物流系统中的业务处理、信息反馈、绩效监控以及市场响应等方面都实现"实时"。实施实物流、信息流的同步融合管理意味着企业可以通过使用最新的、实时的信息，在关键的物流流程中消除管理和实施中的延迟，从而有效地提高市场竞争力。

实物流、信息流的同步融合管理的技术基础在于采用自动识别与数据采集技术（AIDC）。借助 AIDC，物流条码贯穿于整个物流过程，采集具体实物的流动信息，通过共享制造商、运输商和客户等环节的数据，将实物的运输、仓储等过程的实物流与信息流实时反映到信息网络平台中，为进行有效的物流管理、外部协调以及市场快速响应提供可靠的依据。

实施实物流、信息流同步融合管理的途径主要有两个方面：

（1）建立完善的物流管理信息系统。该系统又称为物流执行系统，主要由跨企业的单据流动处理系统、仓库作业系统、配送执行系统三部分来完成物流自动化过程，其核心是基于 Internet 网络通过条码技术和移动计算完成物流数据的交换和采集。借助于完善的物流管理信息系统，再利用条码信息采集终端大范围移动和网络的无缝覆盖，从而可以实现物流过程的信息流和实物流的同步融合管理。

（2）物流管理条码化。产品（商品）条码不仅是生产管理的基础，也是物流管理的基础。由于条码中包含着大量相关商品信息，因此在每个物流交换点，通过条码扫描器可动态收集物流流程中的实时信息流和实物流，并据

此与单据信息流进行数据一致性检查，以确保其在数量上、时间上与要求上的完全一致，从而为实施现场实时监控、指导物流流动和顾客跟踪提供可靠的依据。生产物流条码化、仓储管理条码化、商品条码化，是实施物流管理条码化的基础。

4. 可视化管理

可视化管理就是以现代信息技术为主，利用物流技术，对物流流程的全过程实施动态性的可视性监督管理。由于能够更有效地"看清"货物的运作，管理人员将能更加准确地、迅速地制订计划、实施、控制和评估结果，从而确保整个物流系统实现无缝化运作。

实施可视化管理的基础是"3S"技术集成系统，其中，GPS（全球卫星定位系统）主要用于实时、快速提供目标、各类传感器和运载平台的空间位置；RS（遥感技术）用于实时或准实时地提供目标及其环境语义或非语义信息，发现地球表面的各种变化，及时地对 GIS 的空间数据进行更新；GIS（地理信息系统）则是对各种来源的时空数据综合处理、动态存贮、集成管理、分析加工。

综合利用"3S"技术、物流条码技术和 EDI 技术，物流企业能准确及时地获得有关货物运输状态的信息，对运输过程中货物的位置、状态、装卸、送达等实时追踪，以有效地应对诸如紧急订单、交通意外等突发事件。同时还可以让客户通过互联网进入可视化监控系统，在电子地图上了解送货车辆的位置，以便做出时间和人员的安排。

5. 柔性化管理

柔性化管理要求物流系统不仅对外部环境的变化要有极强的响应能力，同时还要快速响应系统内部各环节的变化，及时有效地协调各环节的关系，使之处于一种动态的平衡状态。这意味着要实施柔性化管理，物流系统必须具备两方面的能力：

（1）适应能力。物流系统中的各要素和各环节应该具备随市场要求的变化而迅速更新、重新组合的能力，从而达到"以变应变"。这种能力直接影响到物流系统向市场提供高质量物流服务的及时性。

（2）缓冲能力。物流系统中的各要素和各环节应该具备吸收和弱化市场需求变化对系统影响的能力，达到"以不变应万变"，从而做到既能保证随市场条件的变化及由此产生的物流服务任务的变更而迅速改变系统的输入和输出，又能保证系统所提供的物流服务的连续性和稳定性。

建立物流系统柔性化管理模式，必须从以下三方面入手：

（1）重视人文管理。

（2）建立适应柔性管理技术的"软化"组织。

（3）更新管理手段，广泛应用信息技术。

3.5.3 集成化物流的协调管理方法

集成化物流协调管理的具体方法可采用以下几种：

（1）各种标准、规章和程序。集成化物流系统强调在统一品牌的基础上，在管理上一体化、在服务上标准化、在整个业务上规范化。因此，制定各种标准、规章和程序是达到这个目标的基础，同时也可大大减少协调活动和协调工作量，并给各成员企业一种公平的感觉，从而有利于集成化物流的高效运转。

（2）借助物流信息网络平台的协调管理方法。这种协调管理方法是在信息网络平台上利用动态检查表和动态合同/契约体系，定期检查和掌握各成员企业对物流服务的执行情况，以及时发现问题，进行协调和监控，并视问题严重程度来决定是继续执行合同，还是终止合同。

（3）集成化物流服务商直接监控的方法。这主要由物流服务商直接监控其成员企业的物流活动。

（4）定期的管理协调会议。这是一种群体协商的管理机制。针对一些重要的目标，需要所有或重要成员坐在一起来详细讨论，并制定出相应的措施和制度。

3.5.4 集成化物流管理构架

从管理的角度分析了集成化物流管理架构的基本内容，主要包括：

（1）提出管理是现代物流的永恒主题，认为物流管理是跨边界的活动、是优化资源配置的过程、目的是要降低社会物流总成本，其发展方向是供应链管理服务。

（2）提出了集成化物流的三维组织结构模型，认为在集成化物流系统中成员企业存在着核心层成员、紧密成员和非紧密成员三个层次的结构关系。（同时，归纳总结出均衡链式型组织、寡头垄断型组织、核心企业型组织、虚拟物流组织、流程集成化物流组织和加盟连锁型物流组织六种可能的集成化物流的组织结构形式。）

（3）应用集成理论，建立了集成化物流管理的一般模型，并提出了即时客户反应管理、物流活动效率化管理、实物流信息流的同步融合管理、可视化管理和柔性化管理五种具体的管理模式。

（4）应用集成理论，建立了集成化物流管理的一般模型，并提出了即时客户反应管理、物流活动效率化管理、实物流信息流的同步融合管理、可视化管理和柔性化管理五种具体的管理模式。

（5）提出了集成化物流风险管理的目标、范围、控制方法和控制过程模型。

4 钢铁企业物流流程再造的需求分析

4.1 钢铁企业物流流程再造的必要性

4.1.1 钢铁企业生产特点

钢铁工业的基本生产过程是在炼铁炉内把铁矿石炼成生铁，用生铁炼成钢，再铸成钢锭或连铸坯，经轧钢等方法再加工成各种用途的钢材。钢铁企业的生产活动中既有连续型的特征，又有离散型的特征，整个过程介于离散生产和连续生产之间，是一种半连续型生产过程，称这类企业为混合型工业企业。整个钢铁生产过程包含了物质和能量的转换与传递，具有多样性、复杂性和连续性等特点。

（1）产成品多样性。钢铁产品一般是标准化和系列化的产品，钢铁材料的化学成分、机械性能、型材的规格尺寸都有相应的国家标准和行业标准。钢铁企业主要产品包括各种板材、管材、线材、型材等钢材。钢铁企业的原材料品种少，但最终成品品种规格多达数万种。钢铁生产冶炼流程基本不变，通过选择不同的设备和工艺流程，中间环节产生出的各种各样的半成品、成品既可作为下道工序的原辅材料，也可直接销售。

（2）工艺复杂性。钢铁企业主要是依照订单进行大批量生产，考虑原材料、设备生产能力、库存状况等因素安排生产。在企业技术、质量、产品趋同的情况下，竞争的焦点就集中于以最低的价格和最优质的客户服务占领市场。因此，钢铁企业必须能够既降低成本又满足多样化的客户需求，这样一来，与供应商的有效协作及与客户进行良好的沟通就变得尤为重要。

（3）生产过程连续性。钢铁生产具有不间断性的特点，企业生产线中无缓冲单元，因此供应链必须是连续稳定的，生产中断会对企业效益造成很大损失。因此，企业必须与供货商和销售商建立稳定可靠的合作关系，使生产能够顺利进行。

钢铁产品成本主要由原材料和燃料动力消耗构成，因此生产过程主要专注于物料的数量、质量和工艺参数的控制；钢铁生产的质量控制非常严格，对某些原材料、辅助材料的质量要求也很高。

4.1.2　钢铁企业物流管理实践现状

"中国钢铁联合采购招标系统"自 2001 年 10 月在国内冶金行业正式推出后，发展势头强劲。这一系统是目前国内唯一可以全程进行网上发标、加密投标、截标、网上解密开标的招标采购平台，并且采用了用户 IC 卡系统和先进的复合数字国密技术。不少供应商以钢铁企业网上招标采购为契机，积极加入网上供应行列。

首钢实行的就是网上销售的物流形式，通过网上发布标书，举行网上开标，实施采购。莱钢在物流优化和整合上下功夫，专门成立了"现代物流管理部"，聘请物流专家对莱钢的物流进行诊断，制定物流优化整合方案；指导企业进行现代物流管理创新；建立物流优化与整合的数字模型；将各个生产企业的原燃料采购、生产过程的半成品转移及产品销售至用户的全过程进行系统优化。通过物流优化数字模型，使整个物流达到最优化的程度，实现莱钢物流管理的整体创新。

宝钢在欧洲、美洲、东南亚、日本、韩国等地建立了销售贸易中心，在国内华东、南方、北方、西部建立了地区性贸易公司，在上海、广东、天津、杭州、沈阳、青岛等地建立了钢材加工配送中心，形成了巨大的钢材分销物流网络体系。宝钢国际同日本三井物产在钢材加工配送领域扩大合作范围，组建了现代物流企业——上海宝井，未来将对国内已经建立的钢材加工配送中心进行整合，并将在全国范围内建立钢材加工基地，以构筑一个能够迅速向国内外用户提供商品配送和高质量服务的钢材物流体系（陈文明，苏东平，2003）。

1982 年以来，鞍钢设计并实施了众多的大型技改项目的物流解决方案，积累了丰富的现代物流经验。目前，鞍钢国贸国际货运有限公司与上海物资集团乾通金属材料公司在上海共同投资组建了钢材加工配送中心，利用上海作为中国最大的经济和金融中心的优势，实现贸易与加工配送之间的衔接，形成服务于企业的现代物流体系，实现在更大范围内参与全球市场竞争。

广钢股份则已向物流业转型。广州作为一个区域中心城市，是各类钢材的高消费区，只有建立高水准的钢铁产品物流中心，中心城市的辐射功能才能得以真正发挥。按广州市政府加快发展现代物流业的规划，广州在 2015 年建成了中国南方国际现代物流中心，其中，广钢股份所在的芳村区要建成区域性的综合型物流园区之一。广钢股份转型发展物流业，能够充分发挥其地处广州的地缘、人才、市场、交通、行业和资源优势，物流将成为广钢股份新的利润增长点。

4.1.3 我国钢铁企业物流的主要问题

我国钢铁企业物流的发展远远落后于社会物流的发展，而且整体水平不高。

(1) 钢铁企业物流是一个明显的薄弱环节。目前在我国钢铁企业中，只有少数几家龙头企业较为重视物流环节，总体上，物流还远未被企业领导和业务部门所认识。企业物流流程不畅，时间、空间浪费大，物料流动混乱，重复搬运现象时有发生，流动路径不合理，产品供货周期长，废弃物回收不力，不仅直接阻碍企业生产效率的提高，而且占用大量资金。

(2) 钢铁企业物流的基础设施落后，物流效率低下。从运输方面看，我国钢铁企业的运输手段较为单一，运输网络也不完善，重复、对流运输比率较高，铁路运输所占比重较大，仓库空间浪费大、保管不合理，大多数企业物料出、入库仍然由一些简易的机械设备来完成。

(3) 钢铁企业物流的信息化程度低。由于我国信息产业发展较晚，不同的人对企业信息化的认识存在着分歧，大部分钢铁企业还未能实施数字化的物流管理，先进的电子数据交换、自动识别和条码技术、全球定位系统等更无从谈起。这就使得企业无法对自己的物流进行即时监控，也无法实现与上游供应商和下游消费企业的信息共享，更没有与社会物流合作的兼容接口。

（4）钢铁企业缺乏专业的物流人才。物流作为一种新型的管理技术，涉及的领域极其广泛，这就要求物流管理人员不但要熟悉整个工艺流程，而且要精通物流管理技术，掌握企业内部物流以及向外延伸的整条供应链的管理等综合知识。而我国现在具备综合物流知识的管理和技术人才严重缺乏，不能满足钢铁企业物流现代化的需要。

（5）钢铁企业缺乏"第三利润源"的理念。我国钢铁企业没有将物流视为优化生产过程、强化市场经营的关键，大多数企业将仓储、运输、装卸搬运、采购、包装、配送等物流活动分散在不同部门，分割式的物流管理状况降低了整体盈利能力。

4.1.4　钢铁企业物流发展趋势

企业物流是现代物流不可分割的组成部分。钢铁企业物流只有与社会物流同步发展，人们才能真正感受到它的魅力。总体而言，钢铁企业物流的发展趋势有以下几点。

（1）钢铁企业要构筑集成化物流战略。任何一个企业只有与别的企业结成供应链才有可能取得竞争的主动权。在激烈的市场竞争中，企业必须将物流活动纳入系统化的统一管理，集成化物流既提高上下游企业的服务水平，又降低物流总成本，分享增值服务的利润，进而提高市场竞争力。

（2）钢铁企业要与社会资源整合。经济全球化把物流管理提高到一个前所未有的高度。企业可以利用各国、各地区的资源优势，分散生产和销售。这样，现代企业的物流就能延伸到上游供应商和下游消费企业在内的各个关联主体。企业产成品中，除了涉及核心技术的产品是自己生产的之外，其他大多数的原料、燃料、辅料、中间产品都是由供应商提供的，企业这种少库存或零库存的实现需要一个强大的物流系统来支撑。物流社会化能使企业可利用的物流资源数倍增长，经过整合的虚拟物流资源减少了企业自身的基础建设成本，提高了物流设施的利用率，优化了资源配置，节约了物流费用。

（3）钢铁企业要以信息和网络技术为支撑实现企业的快速反应。企业的资源、生产、销售分布在全球市场上，市场的瞬息万变要求企业提高快速反应能力，使物流信息化、网络化成为企业实现其物流管理一个必不可少的条件。物流信息系统增强了物流信息的透明度和共享性，使企业与上下游节点形成紧密的物流联盟。企业通过数字化平台及时获取并处理供应链上的各种信息，提高对消费企业需求的反应速度。物流管理信息系统包括企业资源计划（ERP）、物资需求计划（MRP）、仓库管理系统（WMS）、条码印制系统（BCP）和无线终端识别系统（RF）等。企业通过互联网进行物流管理，降低了流转、结算、库存等成本。

（4）钢铁企业物流外包与部分功能的社会化。在工业化高度集中的今天，企业只有依靠核心技术才能在竞争中求得一席之地。而任何企业的资源都是有限的，不可能在生产、流通各个环节都面面俱到。因此，企业将资源集中到主营的核心业务，将辅助性的物流功能部分或全部外包不失为一种战略性的选择。

物流作为一个大系统，是由仓储、运输等多个功能要素整合而成的。企业经过资源重组、流程再造形成一个完善的现代物流体系之后，不仅可以满足本企业物流的需要，还可以将剩余生产力转向物流市场，从事社会化分拨物流，获取更丰厚的"第三利润源"。

（5）钢铁企业要跨行业缔结战略联盟，以供应链的整体优势参与竞争。大型企业要迅速从"大而全，小而全"的经营误区中解脱出来，不失时机地与合适的供应商、储运商等结成战略联盟，通过合作以供应链的整体优势参与竞争，同时又实现互惠互利。要积极寻求与核心企业的战略合作，成为核心企业长期的、稳定的战略伙伴，结成战略联盟，实行供应链管理，通过供应链参与国内、国际竞争，提高产品在国内、国际市场的竞争能力和市场份额已是大势所趋。比如，宝钢集团和东风集团签署战略合作协议，由宝钢为东风集团提供汽车板剪切加工配送，以逐步实现东风汽车板采购的零库存，同时宝钢还与中船集团缔约结成战略合作伙伴，由宝钢集团上海浦钢公司向中船集团提供船用钢板 20 万吨，约占中船船板需求总量的 1/3；内陆钢铁企业纷纷与各大接卸铁矿石的港口签署战略合作协议等。

（6）钢铁企业要开拓全球性物流，寻求全球性市场空间。中国的企业要增强竞争忧患意识，在抓住国内市场的同时，更要放眼世界，构筑全球化战略，以一体化的物流管理和供应链管理在全球寻求资源采购、半成品生产和产成品分销，参与国际化竞争。在全球范围内，通过实现对上下游企业的快速反应，提高上下游企业的服务水平，降低物流总成本或供应链成本，提高企业在国际市场的竞争力，以在全球性竞争中立于不败之地。

（7）钢铁企业要设立专门的物流管理部门，进一步完善企业物流体制。钢铁企业内部属于物流业务的主要内容有：①采购物流：采购方式，采购谈判，供应商管理等；②仓储设施：仓库和堆场数量与地点的决策，仓库和堆场的类型与设备的选择；③库存管理：库存数量的决策，库存物品保管；④物料处理：散状物料的卸车、分堆、混匀处理，废钢铁料的拣选、打包、切割处理，产成品包装材料选择与包装设计等；⑤运输：运输方式的决策，运输路线的选择，时间安排等，包括采购运输、销售运输、企业内部仓库与车间、车间与车间、仓库与仓库之间的运输；⑥信息管理：与物流有关的信息管理。这些业务大多数早已客观存在，只是分属于各个职能管理部门，如物资供应部门、运输部门和市场营销部门等，现在亟须对这些业务重组，统一到物流部门实行系统管理。在物流重组中，要求企业对从原料、燃料和辅料进厂、中间过程存储到最终产品出厂交给用户的物流全过程，统一实施计划、组织、控制和管理，形成企业内部物流一体化。为此，企业要成立专门的物流管理机构，行使产前、产中、产后的物流管理职能，并对供应链实施具体的规划设计和组织管理。

综上所述，有远见的企业经营者应该清醒地认识企业物流对企业发展的重要作用，强化企业物流管理，为企业创造真正的"第三利润源"。

4.2　钢铁企业物流流程再造的重点与难点

4.2.1　采购物流流程管理问题及分析

1. 钢铁行业供应物流特点

物资供应是钢铁企业生产经营的重要环节，其物资供应部门的任务是按质、按量、及时、经济地为生产、工程、维修、劳保等活动提供优质廉价的物资，保证钢铁企业生产顺利进行。按预定的生产计划对所需材料进行核定，编制采购计划，选择供应商，组织国内订货、采购和进口，安排合理储备。组织制订实施物资供应管理制度，提高计划准确率，减少储备资金占有，加速资金周转，降低采购成本。

由钢铁行业生产特点可知，钢铁行业物资供应的特点是：

（1）主要的原材料、燃料相对集中，包括铁矿石、废钢、煤炭、燃油等。物资消耗量大，原材料及燃料规律性比较强，而辅助材料种类多、规律性差。原辅材料的质量对于钢材产品质量有重要影响。

（2）钢铁行业是资金密集型行业，原材料燃料资金占用大。

（3）生产用料不容许短缺，生产主体是流程型连续生产，如因为缺料导致设备停产，就会使冶炼过程中断，从而造成巨大的经济损失。

（4）企业采购物资的运输量大，其中厂外运输量约为钢产量的5~8倍。

（5）物资供应涉及部门多，物资供应不仅与采购部门、仓储部门有关，还与生产部、工程建设、质量控制、成本控制、财务部门业务有密切联系。

对于钢铁企业而言，为销售而生产、为生产而采购是一个环环相扣的物料输入、输出动态过程，依次构成了采购流程、生产流程和销售流程。从物流角度看，最初的采购流程运行的成功与否将直接影响到企业生产、销售的最终产品的定价情况和整个供应链的最终获利情况。企业的采购流程的龙头作用不容忽视。

2. 钢铁企业采购流程现状

钢铁企业物资供应部门的人员既负责物资的采购，又负责保管发放，即"管买、管用、管回收和管节约"，其采购业务流程如图4-1所示。

（1）采购任务的确定。需求计划一部分来源于企业生产计划，另一部分来源于仓库补充库存。企业在年末都制订来年一年或半年的生产目标，各个科室的采购员根据生产计划预计原辅材料需求量制订月份采购计划。生产分厂车间向仓库提交领料单，保管员根据领料单发放物资，如发现库存现有物资不足，或预计仓库会出现缺料，则列出缺料清单，并提交给相应科室采购员。在仓库缺料的情况下，要采购的物资不通过汇总，直接由采购员制订临时采购计划。

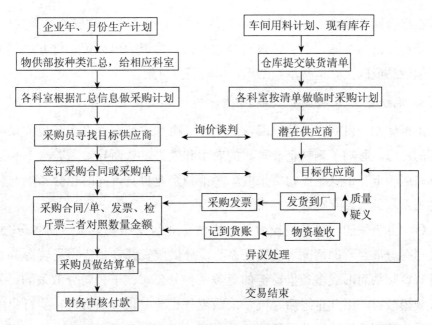

图 4-1 传统采购物流流程

（2）与供应商签订采购合同。采购员根据制订的采购计划选择潜在供应商，对数家供应商询价，通过多次讨价还价的沟通，从中选出比较满意的供应商，并与其签订采购合同，采购合同先后经过主管领导的多次审批，通过后开始生效。

（3）物资到货入库。供应商根据合同一次或多次供货。供应商持合同送货到厂，通过仓库或质检部门的验收入库，记到货清单，如质量或数量出现异议，则通过采购部门和供应商进行协商，做异议处理。保管员把到货清单做登账处理，如果到货日期在合同有效期内且到货数量不超过合同订货数量，则登入到货账，否则拒绝登账，需要协商处理。

（4）采购结算。采购员根据采购合同、采购到货账及供应商提交的发票核对三者的数量是否一致，并核对合同价格与发票价格是否相符，相符则制作结算六联单并报交财务，由财务审批付款；价格或数量如有出入，必须写明原因，否则不能予以结算。

（5）物资采购运输。运输方式的选择很大程度上取决于供应源所处的地理位置，供需双方在签订合同时协商选择海运、铁路运输或公路运输。运输问题根据合同条款，一般分为三种情况：供方完全负责，物资价格为到厂价；企业都有自己的车队，也可采取自提的方式，物资为出厂价；供方办理第三方托运到站或码头，运费单独结算，由购买方付款。

3. 钢铁企业采购流程现状问题分析（邹安全，2008）

由于体制、机制方面的原因，传统的采购方式存在着许多与现代采购不相容的地方，影响了钢铁企业采购的效率和效果，从而导致采购成本和运输成本高居不下。钢铁企业物资采购既牵扯到企业自身，同时也会影响与供应商的关系，其主要存在以下方面的问题。

（1）分散采购，缺乏规模效益。钢铁企业组织结构庞大，而各分公司、子公司在分散经营的情况下，独立参与瓜分供应资源和销售市场资源等企业外部资源，从而形成多条供应链的竞争。各分公司、子公司分散采购，无法形成规模效益，因此重组后，统一采购流程、统一供应商资源，实行集中采购是采购管理要解决的首要问题。

（2）生产部门与采购部门脱节，造成滞压库存，占用大量流动资金。与预测和物料需求结合不紧，采购具有盲目性，即不能有效根据生产需要组织采购，实现物料的供应计划与当前需求的平衡，并与企业的库存投资和策略相一致。目前企业生产方式是订单驱动，以销定产，但采购还是传统的以补充库存为主的采购模式，而不是完全由生产驱动的采购模式。生产部门提供给采购部门的生产计划是月份甚至半年的粗略计划，参考意义不大，因此只能依靠保持足够的安全库存避免缺料。但这样一来必然会造成较大的库存量、高额度的储备资金和过大的库存管理费用支出。

（3）信息不能共享。由于组织之间信息私有化、未经集成，采购信息没有实现包括采购方与供应方、企业采购部门与相关部门之间以及管理与实施者之间的有效共享，因此，管理人员无法准确跟踪采购情况，包括请购单处理、采购凭证处理、询价报价单处理，也很难进行运输处理、收货处理、质量控制等。

（4）缺乏制约，容易导致暗箱操作。采购事务的授权、签发、批准、执行和记录没有按职位进行合理分工，采购行为规范缺乏制约，透明度不够。企业对质检权及支付权做了必要的分离，分别由质检部门和财务部门负责，但没有对定价权进行分离，物资采购价格缺乏集中管理控制。采购价格主要是由采购员参照历史比价信息与供应商协商确定，企业对物资的采购价格缺少监控，采购回来的物资价高质差，严重影响到企业的成本管理和产品质量。供应商的选择，合同的签订都由采购员完成；专人负责的物资采购，在供应商的选择上，其主观性、随意性较大，而且采购过程中可能受利益驱动，发生暗箱操作，出现舍好求次、舍近求远的情况。

（5）验收检查是采购部门的一个重要的事后把关工作，质量控制的难度大。质量与交货期是采购方要考虑的另外两个重要因素，但是在现行的采购模式下，采购方很难参与到供应方的生产和质量控制活动中，商品的质量和交货期只能通过事后把关的办法来解决，控制难度很大。采购方与供应商之间的联系局限于暂时的采购业务，相互的生产组织过程和有关质量控制活动是不透明的。因此，需要通过各种有关标准如国际标准、行业标准等，进行检查验收。缺乏合作的质量控制会导致采购部门对采购物品质量控制的难度增加，投入大量的精力和时间，使支付各种管理费用增大。

（6）金字塔式组织形式弊端大。传统钢铁企业的组织机构是按照功能设置的，垂直机构过多，普遍存在着机构相对臃肿、业务流程中产生增值的中间环节过多、效率低下等问题，不符合供应链管理扁平化的要求。以"劳动分工论"为理论基础建立企业管理模式，其组织形式是金字塔式的、自上而下递阶控制的层次结构。这种组织机构是计划经济和落后的管理技术所决定的产物，它以职能为中心，对流程漠不关心。

组织结构决定了管理作业流程和信息传递渠道，造成了信息传递缓慢，并在各环节的统计上报过程中，因本位主义的影响，使信息不断失真。这些非增值作业不仅消耗资源，而且影响决策速度，甚至会导致决策失误。

（7）物资采购运输成本高。从供应源到需方企业的运输是社会物流中的一部分，企业很大程度上还是通过自我服务实现的，即使委托第三方运输公司托运也是临时性的，效率很低，运输成本却很高。运输是供应链中的基本要素，是采购业务活动中必不可少的一个环节，但并不是其核心业务。仍纳入到采购方活动中，会耗费采购员过多的精力，而且不符合供应链管理成本最优的要求。

4.2.2 生产物流流程管理问题及分析

钢铁企业的生产属于流程式生产，主要技术特点是产品生产过程环节多、工艺复杂。上下工序之间是紧密配合的联合作业，相互依赖关系十分密切，生产过程中原料、半成品、成品的数量多，且相当部分是在高温或液态下周转，厂内外的运输量大。相关资料显示，我国大部分钢铁企业生产物流主要存在计划执行率较低、生产调度层次较多、调度手段较为落后、信息反馈不及时、在制品和产成品库存定额没有合理的依据、在制品和产成品库存较高、备品备件沉淀库存很大、生产各工序能力匹配性差、厂内"交叉"物流现象严重、信息化水平低、信息孤岛现象比较严重等诸多问题。可见，钢铁企业的生产物流流程分析应重点落在钢铁企业生产计划流程与制造流程的优化再造上。

1. 钢铁企业生产计划流程分析

生产计划是企业管理的首要职能和核心内容。计划编制工作的内容是在企业经营策略的指导下，根据生产预测和优化决策来确定企业的生产任务，将企业的生产任务同各生产要素进行反复的综合平衡，从时间上和空间上对生产任务做出总体安排，并进一步对生产任务进行层层分解，落实到车间、班组，以保证计划任务的实现。生产计划模型如图4-2所示。

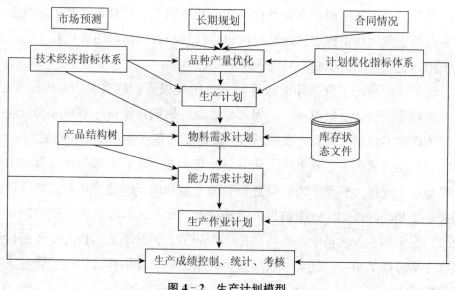

图4-2 生产计划模型

2. 钢铁企业制造流程的优化

随着钢铁企业微利时代的到来，钢铁企业需要审视和考虑自身的发展环境，寻找各自发展优势。发展新一代钢铁材料是 21 世纪的潮流，目标就是为了提高钢铁材料强韧性和使用寿命，使现代冶金生产工艺流程及技术装备协调发展，实现高洁净度冶炼，高均匀性产品和超晶粒的生产工艺。各钢铁企业结合区域市场和自身体条件，定位发展经济规模和产品方案。在组织实施中，首先设计和重视实施精料方针，实现冶炼设备大型化，炼钢—精炼—连铸—轧钢四位一体联合厂房布置，使过去炼钢、轧钢之间铁路运输变为车间内部搬运，实现零运距，推动物流技术的飞速进步。对现代钢铁企业厂外、厂内物流特性及规律进行梳理，从原料、燃料及辅助物料采购到进厂入炉冶炼、半成品向下一道工序流转、直至加工各种产品销售出厂这一生产过程进行整合，再根据近年来钢铁企业改、扩建和技术改造要求，淘汰落后工艺装备。

钢铁企业制造流程优化的前提是实现经济合理的总平面布置，对全厂物流进行整合和研究，从物流数量和工作量来全面评价运输设计的质量，使物流路线顺畅并简洁计算物流成本。同时，应针对钢铁企业物流的现状，在物流优化和整合上下功夫，对物流流程存在问题进行诊断，制定物流优化整合方案，指导企业进行现代物流管理创新，将钢铁企业的原料、燃料采购、生产过程的半成品转移及产品销售直至用户的全过程进行系统优化，以降低物流成本，提高企业的综合竞争能力。

4.2.3　销售物流流程管理模式及分析

销售物流管理是钢铁企业目前在市场经济环境下关键环节之一，它的好坏直接关系到企业生存和发展，同时它也是供应链管理环节中的重要内容。我国钢铁企业销售物流管理呈现出不同的模式。

以首钢为代表的网上销售物流形式，通过网上发布标书，实施网上交易和网下分销配送相结合；以莱钢为代表的物流优化与整合模式，将原燃料采购、生产过程的半成品转移及产品销售至用户的全过程物流进行系统优化，实现物流管理的整体创新；以宝钢为代表的国际加工配送中心模式，表现为宝钢在欧洲、美洲、东南亚、日本、韩国等地建立销售贸易中心，在国内的上海、广东、天津、杭州、沈阳、青岛等地建立钢材加工配送中心，形成了钢材分销物流网络体系；以鞍钢为代表的销售战略联盟模式，表现为鞍钢与国际贸易公司合作在上海建立钢材加工配送中心，利用上海金融中心优势实现贸易与加工配送之间的衔接，形成服务于企业的现代物流体系；以广钢为代表的钢铁产品物流中心模式，表现为广钢股份在广州综合型物流园区内建立高水准的钢铁产品物流中心，充分发挥其地处广州的地缘、人才、市场、交通、行业和资源优势。

因此，随着经济社会的发展，面对行业的竞争和国际的竞争，完善物流组织模式、增强为客户服务的手段、提升钢铁物流业的整体竞争能力是钢铁企业发展的必由之路。

4.2.4 对钢铁物流业发展的几点建议

目前，国际上大的钢材生产商都把目光放在中国市场，其良好的产品质量和完善的营销管理模式对国内钢铁企业造成很大的冲击。因此，完善钢铁行业的物流组织模式、增强服务能力、提升钢铁物流业的整体竞争能力成为当务之急。本书认为可以从以下方面进行改进。

（1）钢铁企业必须改变"只重视生产系统的技术改造，而不重视现代物流"的意识，把现代物流作为企业"第三利润源"。钢铁企业首先要让员工了解掌握现代物流的概念和有关知识，提高员工素质，努力改善经营、降低成本、提高效率，以服务生产和销售，使物流真正成为企业新的利润源泉。同时，现代物流的经营理念要进一步深化和普及，特别是针对第三方物流，如发达国家物流企业是以服务为中心，以客户为出发点，提供满意的物流服务，根据客户的需要提供特殊的物流服务，这是现代物流与传统物流在观念上的一个重要区别。对于国内钢铁物流企业来说，不断完善钢铁物流的功能，采用全程物流服务的概念，提供更多服务功能和更广泛的服务范围，使服务向系列化方向发展是必经之路。

（2）钢铁工业发展需要进厂物流和销售物流两大过程的支持。围绕这两大过程，现代钢铁物流需要搭建信息平台。现代钢铁物流的效率在很大程度上取决于信息技术的应用程度，其发展趋势是建立智能化运输系统、采购系统、产品销售系统和售后服务系统。

（3）企业内部钢铁物流的运行，需要一支优秀的物流管理队伍。很多先进国家的钢铁工业都建立了物流专业的多层次在职培训教育。如美国建立了物流业和职业资格认证制度；日本物流协会的两种在职培训。我国钢铁物流业需要大批懂得业务知识、拥有业务技能的受过专业训练的物流管理人才。因此，大力引进和普及国外先进物流理论和操作方法，并在国内钢铁企业的教育培训机构和相关的国民教育院校设立物流专业，培养具有专业素养的物流人才，以实践推动研究，以研究指导实践，达到产、学、研的有机结合是非常必要的。

（4）钢铁物流业的发展需要政府的大力支持。我国的钢铁物流设施、设备与国外发达国家相比还比较落后。良好的基础设施既是国家综合经济实力的体现，也是现代钢铁物流业得以发展的前提和重要物质保障。钢铁物流大系统的特性需要各业务环节操作人员的高效协作和沟通，这也需要物流设施、设备的建设、配备和完善。

4.3　供应链思想下物流流程再造的驱动力

4.3.1　外部驱动力分析

1. 供应链管理时代企业竞争方式的变化

竞争方式作为"3C"［电脑（Computer）、通讯（Communication）和消费性电子（Consumer Electronic）］力量之一，是业务流程重组（BPR）产生的重要因素，也是许多管理活动变革的驱动力。许多新的管理思想和理念都与竞争密切相关，在信息技术飞速发展的今天，竞争方式的转变也是引发供应链企业进行流程再造的主要原因之一。

信息技术在促使企业发展的同时，也使得企业间的竞争更加激烈。市场向企业提出了更高的要求，要求企业能及时提供高品质、低价格、更具个性化的产品。而竞争对企业的影响，最终还是反映到企业经营管理上来，从而使得企业间的竞争方式发生了很大的变化。随着信息化时代的到来，企业更加注重供应链管理，由此引发了企业竞争方式的转变。与传统企业竞争不同，现今企业间的竞争已经延伸到了整个供应链之间的竞争，因此也更加注重供应链企业间协同竞争力的培养。新技术的不断出现促进了这种转变，使得企业间的竞争朝着成本更低、质量更好、新产品研发周期更短、更加贴近顾客的方向发展。

（1）竞争对象的延伸。随着市场竞争的加剧和环境变化的日益复杂，企业竞争已经延伸到了整个供应链之间的竞争，更多情况下表现为企业的供应商与供应商、客户与客户之间的竞争。现在，更加被关注的是，企业的供应商是否能够提供成本更低、质量更高、交货时间更短的产品，企业的营销渠道是否能够更加快速地将产品送到顾客手中并能及时的反馈顾客的需求与信息。竞争对象的延伸也扩大了企业间竞争的领域，使得企业不仅要关注企业自身的业务流程，还要关注其上下游企业的业务流程。特别是处于供应链中的核心企业，应该主动帮助上下游企业流程上的设计与再造，从而使得整条供应链更具竞争力。例如，日本丰田公司实施的零库存计划，这就需要其供应商能够严格控制自己的业务流程，做到准时采购、准时生产以及准时交货。为了实现这一目标，丰田公司派驻自身的管理技术人员进入供应商企业帮助其进行流程设计，以配合公司的业务流程。最终丰田公司实现了零库存这一目标，大大节省了成本，从而使得公司的产品更具竞争优势。

（2）协同竞争能力。随着信息技术的迅猛发展，企业竞争上升为以核心企业为主导的供应链之间的竞争，且集中反映在结构竞争性上，加之计算机支持协同工作（CSCW）技术的支持，促使协同商务和协同竞争成为企业新的管理重心和新的经营模式，以往单一的系统的供应链结构被整合为客户、供应商、研发商、制造商和服务商等共同参与组成的多系统集成化供应链系统，并由纵向一体化走向横向一体化。核心企业更加注重供应链协同竞争能力的构建，协同竞争力包括企业内部的协同能力和企业之间的协同能力。企业内部的协同能力包括各部门之间业务流程的协同能力、不同业务指标和目标之间的协同能力以及各种资源约束下的协同能力，主要体现在不同部门计划之间、各层次计划之间以及不同周期计划之间的协同能力，如企业股东之间的协同能力，库存、生产、销售、财务部门之间业务流程的协同能力，还有企业战略、战术、运作层次计划间的协同以及长短期计划间的协同能力。企业间的协同能力主要体现在信息协同能力（需要核心企业与其上下游的厂商实现高度的信息共享）、产品生产协同能力、产品设计的协同能力、采购协同能力和预测协同能力五个方面。

（3）基于时间的竞争。在工业革命之前企业主要是手工作坊式的生产模式，当时的生产力水平和技术水平相对低下，无法满足用户及市场的快速变化。到了工业化早期，新的生产工艺、装备及手段的出现使得企业能以非常低廉的成本生产出复杂的产品，导致了手工生产者的破产。企业间的竞争主要以价格形式出现，价格竞争最终导致了大规模生产方式的出现，即斯密提出的劳动分工理论和福特汽车的生产组织形式。工业化后期（20世纪70～80年代），随着企业间生产成本差异的缩小使产品质量及用户选择成为新的竞争要素，围绕产品质量的全面质量管理（TQM）等制造模式以制造学说开始出现。

进入20世纪90年代以来，全球信息化的发展对制造业和市场的影响很大。企业间产品价格和质量的差异不断缩小，产品的"同质化"现象非常普遍，同时产品的生命周期不断缩短，用户对产品多样化的要求使市场变得难以预测。及时抓住并利用转瞬即逝的市场机遇以满足用户要求变成了企业新的目标，因此除了成本、质量、价格等因素外，时间成为竞争的另一要素。随着竞争的日趋激烈，不仅产品和服务的生命周期在缩短，可以用于开发新产品和推出新产品的时间也在缩短。在信息技术飞速发展的今天，企业之间的竞争已经上升为供应链之间的竞争，提高企业的反应速度的目标也转变为提升整条供应链的反应速度的目标。由此，基于时间的竞争使得企业不得不从整个供应链的角度出发进行流程再造，以期在新一轮的竞争中取得优势。

（4）信息技术对竞争方式的改变。随着信息技术的飞速发展，Internet/Intranet技术以及电子商务为企业发展提供了广阔的空间，同时也使得企业的竞争方式发生了改变。这是由于先进的信息技术和管理相结合实现了高效率、自动化的流程管理，在供应链上表现为以信息流带动并促进了物流与资金的流动。也就是通过信息技术，帮助企业实现业务流程的优化，降低成本、提高经营效率。

2. 竞争方式变化对供应链流程的影响和要求

（1）提高供应链流程的合作程度。协同竞争能力更加重要，对企业供应链流程间的合作程度也有了更高的要求。这要求供应链上的企业在行动时加强信息交换和共享，提高它们行动的一致性。例如，在供应链上核心企业在开发一种新产品，新产品开发流程就需要得到其他企业业务流程的支持与合作。例如，供应商的采购流程、生产流程以及分销商的销售流程等都应该与新产品的开发流程相互协作，以支持开发流程的顺利运行。

（2）供应链流程范围的扩大。要提高供应链流程的合作程度，企业的业务流程必须延伸。也就是说，业务流程必须穿越企业的边界，扩展到供应商、客户以及所有合作者。企业的业务流程从企业内部的业务流程扩展为企业间的业务流程。而企业间的业务流程体系体现着企业与其供应商以及客户的集成，而非一般的联系。只有实现合作者之间的集成，它们之间的合作才更有效率（杨晓枫，2001）。

（3）提高供应链流程的响应速度。时间的竞争对供应链流程的响应速度提出了更高的要求。想提高其响应速度就要减少供应链流程中的中间环节，消除企业间重复的不必要的流程，仅仅保留企业间的核心业务流程与基本流程。还应对供应链流程重新进行设计再造，本书第 4 章中详细介绍并分析了供应链流程再造中的理论与方法。

3. 客户需求的变化

在工业经济时代，客户对于产品和服务的需求不高，仅仅要求企业能够做到生产耐用、低价的产品，对于服务行业的要求也很低。此时客户需求稳定，企业只需提供给客户低成本、同质、标准的产品和服务，产品的开发周期和生命周期都很长，因而此时的供应链结构多为"推式"供应链，有时也称为"产品导向"供应链。随着客户经济时代的到来，客户的需求有了显著的变化，更加注重对于产品和服务在质量、时间、个性化、价格和服务等多方面提出了更高的要求。

（1）质量。在工业经济时代由于物资的品种相对匮乏，客户可挑选余地相对较小，仅仅要求产品有较高的耐久度和可靠性即可。客户经济时代的到来使得客户对质量的需求发生了很大的变化，在质量的性能、特色、可靠性、达标度、耐久性、服务的便捷性、美感和质量感受等各个方面都提出了更高的要求。

（2）时间。可以分为交货时间和上市时间。交货时间是指顾客在下订单后接到产品所需的时间，有时也称为交货延迟时间（Delivery Lead Time）。工业经济时代由于产品的同质化，客户更加注重产品质量的耐用度以及价格等，因而这个时候整个供应链的响应速度不是很快，客户企业对于交货时间的要求也不是很高。而在客户经济时代，由于客户需求的多样化以及复杂化，要求企业能对市场做出最迅速的反应，因而对交货时间的要求也更高。

产品上市时间是指从产品或服务创意的产生到最终投放市场并为客户接受所花费的时间，有时被称为开发延迟时间（Develop Lead Time）。在工业经济时代，由于顾客需求稳定，产品的标准化以及同质化使得产品的生命周期和开发周期变得很长，这时顾客满意度与产品上市时间相关程度不是很高。而在客户经济时代，随着整个社会生活节奏的加快，客户变得更没有耐心，如果一个企业不能快速的推出新产品，那么就会被客户无情地抛弃。因而需要企业缩短新产品的上市时间，以适应瞬息万变的市场。

（3）产品的个性化。在客户经济时代，客户对产品个性化的要求更高，包含个性化和人性化两个方面。产品的个性化多表现在产品的与众不同，能够体现消费者个人的品位、兴趣等；而人性化多为产品在设计以及使用时考虑到为客户提供的功能、舒适、便捷等。同时，不同的顾客对产品的个性化要求也不相同。

（4）价格。产品的价格在任何时候都是比较重要的因素。在两个产品其他特点非常相似的情况下，顾客会倾向于购买价格低的产品。在工业经济时代由于产品同质化的情况非常严重，因而顾客通常购买价格更低的产品。而在客户经济时代，客户更加注重个性化的产品和服务，希望厂商能够对自己的需求做出迅速的响应，快速完成交易。为此，他们通常愿意支付较高的价格。在这种情况下，价格成为客户选择产品的一项参考指标。

（5）服务。即是指依附于产品的服务。在产品差异化越来越小的今天，客户也更加关注产品的服务。对于相似的产品，客户通常会选择产品服务更好的那一种。

通常来说，客户的需求是由需求的数量、需求的种类以及需求的水平和性质这几个要素构成的。在客户经济时代下，客户的需求模式呈现出以下特点：

①需求量的不确定性。工业经济时代由于产品相对单一，整个需求市场相对稳定。在这种情况下，客户的需求量也相对稳定，厂商对于客户的需求预测比较容易。随着客户经济时代的到来，客户的需求量呈现出不确定性，既有客户的大批量需求，又有客户的小批量个性化需求。整个市场呈现出分散化的趋势，这也增大了企业对于客户需求量的预测。

②需求种类的增加。首先，由于产品的多样化极大地刺激了客户的消费欲望，使得客户的需求不断增加。其次，信息技术的发展使得客户和企业间的联系变得更加方便，因此客户的许多需求就能表达出来。例如，现在在新产品的设计阶段就有客户的需求分析这一流程，在这一流程中企业的研发人员通过和客户的深入交流来理解客户需求，使客户自身的潜在需求能够表达出来。最后，信息技术的发展使得客户具有了更大的选择空间。例如，客户可以直接在戴尔公司的网站上定制自己所需要的电脑配置，配置方案一经确认，客户就可以在家中等待产品送到家中。这样使得客户的个性化需求得到最大的满足。

③需求水平和性质的变化。在客户经济时代，许多客户不仅仅需求购买到高质量的产品和服务，而且对于产品的售后服务以及附加增值服务都提出了更高的要求。

4. 客户需求变化对供应链流程的影响和要求

（1）以客户为导向的供应链流程。在工业经济时代，整个供应链流程都是基于产品导向的。业务流程起始于企业对市场的预测，然后再制造所预测的产品，并推向市场。显然由于客户需求的变化，这种供应链流程不再适合客户经济时代，因而应该转变以往的以产品为导向的供应链流程，使其成为以客户为导向的供应链流程。这种供应链流程起始于企业收到客户的订单，由此引发一系列的供应链流程运作。例如，下游的经销商们了解到顾客的需求，由此向上游的企业下订单，上游的制造商的发货仓库组织产品配送，原料供应商不能满足制造商的原材料库存，制造商生产就不能满足产品的最佳库存，制造商的生产计划与分销计划就要进行修正，制造商与原材料提供商的采购计划也要进行修正，等等。

（2）提高供应链流程的柔性。不确定性需求以及个性化需求是客户经济时代客户需求的显著特征，这使得传统那种死板僵硬的供应链流程不再适合现在的客户需求的变化。例如，当供应链流程面对客户的大批量产品采购时其运作方式是一种情况，而面对某些特殊客户的小批量个性化需求时又是另一种情况。这就需要整个供应链流程具有较高的柔性以适应不同客户的需求。因此，要提高供应链的竞争力就必须提高供应链流程的柔性以适应顾客需求的变化。

（3）提高供应链流程的响应速度。信息技术的飞速发展使得客户对于市场信息的变化了如指掌，同时也加剧了客户需求的变化。要抓住市场，赢得市场，就必须提高供应链流程的反应、响应速度。

以上分析了供应链流程再造的外部驱动力，其中着重分析了供应链外部环境中竞争方式的改变以及顾客需求的变化对供应链流程再造的驱动。当然其外部环境中还有其他一些因素也对供应链流程再造产生一定的作用，如整个社会经济环境、技术环境以及文化环境等。本书认为供应链流程再造的外部驱动主要涉及竞争方式以及顾客需求两点因素，因而对于供应链外部的其他因素就不再进行详细讨论。

4.3.2　内部驱动力分析

供应链企业实施业务流程再造的内部驱动力由三部分动力构成，即趋好内力、文化内力以及欲望内力。

1. 趋好内力

企业追求有效性（Effective）、高效性（Efficient）以及适应性（Adaptable）的动机，形成了企业进行流程再造的趋好动力。有效性是要使客户满意和高兴，即做正确的事情；高效性是要以最低成本取得有效性，即正确地做事情；适应性则是要在变化的市场环境中保持有效和高效。一般而言，所有的企业都是把有效性、高效性和适应性作为自己追求的目标。

对于传统的供应链企业来说，企业内部不是以流程为中心运作，而是将流程分解给各职能部门分别管理，职能部门一方面会根据组织的目标从事管理，另一方面又会千方百计地维护本部门的权利，争取自身的利益。这样，各部门与企业总体发展目标并不完全一致，各小集团形成的趋好内力的方向是发散的。各部门的趋好内力是分力，企业的趋好内力为合力，它是所有分力的合力，它是所有分力的矢量合成。各部门趋好内力的方向发散，导致一部分分力被抵消。因此，合力的绝对值总是小于所有分力的绝对值之和。部门的层次和数量越多，各部门分离的发散程度越大、绝对值越小，企业的趋好内力就越弱，反之组织的趋好内力就越强。

趋好内力的大小完全取决于组织，组织能够通过下列途径提高趋好内力：可以采用制度约束、激励机制、正确引导等方法，尽可能地增大各职能和业务部门分力的绝对值；也可以通过改革、重组，减少管理层次和部门数量等方法，减少分力的数量；还可以通过理顺部门之间的关系、流程再造等方式，降低部门分力的发散度。总之，组织可以改变和最终决定趋好内力的力度。由此可以看出，只有在成为核心的组织中，才能实现趋好内力的最大化。

2. 文化内力

不同的组织具有不同的文化内力，不同的企业希望并愿意实施 BPR 计划的倾向是不同的，而正是企业文化中的这种价值取向，形成了企业流程再造的文化。企业文化就是在企业发展过程中，由组织所有成员共同创造的精神财富的总和。组织的价值观是企业文化的核心，组织的价值观不同，由之形成的文化内力必然不等。组织可以通过自身努力改变本企业的文化内力的强度。

最有利于实施 BPR 的企业价值观主要有两个方面：其一是把满足客户需求作为企业一切活动的出发点和最终目标；其二是以人为本的人本主义的团队思想。企业只有通过培育良好的企业文化、价值观来增强文化内力。因此，企业应努力营造团队精神、善于学习、勇于负责、不懈进取的文化氛围，引导员工以客户为关注焦点，树立追求卓越的价值观，淡化官本位的思想，建立良好的沟通模式。同时，企业要给员工充分授权，建立新型的激励机制，以更好地发挥员工的主观能动性和协作精神。一个企业良好企业文化的形成，需要企业高层管理者以及整个企业长期的精心培育和引导。

3. 欲望内力

面对技术飞速发展和外部环境的巨大压力，企业的高层管理者一般都会产生变革的欲望，即试图寻找最适合本企业的管理思想，对企业进行改革或重组，使企业得以生存和发展。高层管理者变革的欲望，形成了企业流程再造的欲望内力。欲望内力的大小，与企业的高级管理层特别是最高管理者的性格和办事风格、个人综合素质等方面密切相关。高层管理者实施流程再造的欲望越强，欲望内力越大。企业流程再造是一项具有一定风险的复杂工程，如果最高管理者果敢、自信、勇于冒险，他尝试 BPR 的欲望很可能就比较强；最高管理层的综合素质高，管理知识功底扎实，对 BPR 以及其他管理理念非常了解，驾驭改革的能力强，那么他对企业实施 BPR 的欲望也就比较强；最高管理者对企业情况和外部环境进行分析后做出判断，如果他认为是 BPR 的时机已经基本成熟，或认为企业已经到了非再造不可的地步，他对流程的再造欲望将会非常强烈；更有甚者，在外部环境和他人实践情况的影响、刺激下，最高管理者可能灵机一动产生强烈的变革欲望。

趋好内力、文化内力、欲望内力三者之间存在着相互影响、相互促进的关系。第一，欲望内力对文化内力和趋好内力具有强烈的影响。欲望内力越强，高层管理人员会采用鼓动、交与、培养、激励、改革等方式，刺激文化内力和趋好内力的良性生长，事后两者不断增强；欲望内力如果较弱，即使文化内力和趋好内力很强，前者也会在不知不觉中对后两者施加约束，限制文化内力和趋好内力的作用发挥。第二，趋好内力和文化内力对欲望内力具有反作用，尽管这个反作用比欲望内力对它们的影响要弱得多。趋好内力和文化内力较强，会鼓励欲望内力增长，并促进其作用的发挥；趋好内力和欲望内力如果弱小，会削弱欲望内力成长的信心，阻碍欲望内力作用的发挥。第三，文化内力和趋好内力之间相互作用。文化内力健康，会呵护、培育趋好内力的成长。文化内力如果弱小，会影响趋好内力的生长环境，对趋好内力产生制约作用。趋好内力强大，会促进文化内力的孕育、成长。反之，趋好内力虚弱，将阻碍文化内力的发育。

供应链企业流程再造的内部动力是趋好内力、文化内力和欲望内力之总和，但三部分内力对内部动力的贡献不尽相等。在三种内力中，欲望内力占主导地位，它的强弱会直接影响趋好内力、文化内力的强弱以及它们作用的发挥，对内部动力的贡献最大。文化内力的作用小于欲望内力，它对内部动力的贡献次之。趋好内力对内部动力的贡献最小。

第 2 部分　实证研究篇

5 钢铁企业物流流程再造集成化模式

5.1 基于集成化物流的钢铁企业物流流程再造的理论依据

5.1.1 系统理论

"系统"的确切含义依照学科不同、使用方法不同和解决的问题不同而有所区别。前苏联学者瓦·尼·萨多夫斯基对将近四十个有关"系统"定义所作的初步分类分析，归纳出三组不同的定义：第一组把系统看作数学模型的某一类；第二组包括通过"元素""关系""联系""整体""整体性"这些概念给"系统"下的定义；第三组是借助"输入""输出""信息加工""管理"这类概念给"系统"下的定义（贾泽林等，1984）。在这些系统概念的定义中，都阐述了确定构成系统的诸元素的联系、联系性。系统乃是相互联系的或相互作用的诸元素的集合。据此可将系统进行如下的定义。

系统就是由相互作用和相互依赖的若干组成部分结合而成的，具有特定功能的有机整体。

用数学模型表达，则系统为：

$$S = \{A/R\}$$

$X_1, X_2, \cdots, X_n$ 为具有固有功能的独立要素。

$$集合 A = \{X_1, X_2, \cdots, X_n\}$$

环境与要素间的关系为 $R(X_1, X_2, \cdots, X_n)$。

这一定义的核心是：

（1）系统是由两个或两个以上的要素组成。系统一定是由多个要素组成的，构成这个系统的各个要素可以是单个事物，也可以是一群事物组成的小系统。由此可见，要素和系统是个相对的概念，要素是相对于它所处的系统而言的，系统则是从它所包含要素的角度来看的，如果考虑问题的角度改变，则系统与要素的关系也就可能改变。

（2）要素之间相互联系。系统的各个要素有它自身的独立性，有独立的功能，但它们之间又是相互作用、相互依赖、相互共存的有机整体，即系统的"关联性"。按照贝塔朗菲的定义，系统是相互关联的元素的集合。相互关联意指元素集 P 在关系集 R 中，因此 R 中的一个元素 P 的行为不同于它在别的关系集 R 中的行为。

（3）要素的联系是为了实现特定的目的。系统要素结合具有明确的目的性，不同的要素组合，或相同的要素按不同的方式组合的目的可能不会一样，但它们都是为了实现特定的目的，才按照特定的方式进行组合的。

（4）系统是一个整体。系统无论是由多少要素组成，无论采取什么样的组合方式，从其形态上、功能上来说，都应该是一个能够与其他系统相互区别的整体。

5.1.2　系统论的基本规律

中国的科学家们在吸收国外研究成果的基础上，归纳总结出了系统论的五个基本规律，即结构功能相关规律、整合规律、竞争协同规律、涨落有序规律和动态演化规律（魏宏森，曾国屏，1995）。下面重点介绍竞争协同规律和涨落有序规律。

1. 竞争协同规律

物质世界各类系统的运动发展是物质系统本身固有的不断协调各子系统彼此间的关系，以消除紊乱而同化为一个有机整体并向新的有序方向发展的内在组织能力。这种由于系统内部之间以及系统与环境之间，既存在整体同一性又存在个体差异性，整体同一性表现为协同因素，个体差异性表现出竞争因素，通过竞争和协同的相互对立、相互转化，推动系统的演化和发展的规律就是竞争协同规律（王雨田，1986）。

竞争是系统要素要求保持个体特征的必然结果，而协同则是系统要素相互依赖的必然结果。竞争总是系统的竞争，不相对于某个系统的竞争原则上是不存在的，而系统的竞争又总是表现为系统与要素、要素与要素、系统与环境之间的竞争与协同。系统的协同作用总是以这些竞争为前提，以竞争双方的竞争为过程，以竞争双方的协同为目的，通过信息反馈调节，随时改变系统竞争的无序度，不断改善其结构，增强其功能，变无序为有序。无竞争也就无协同作用之必要：无竞争双方的协同的目的，协同的作用也就失去了方向（何明珂，2001）。"协同"与"竞争"两个概念既有同一性又相区别，因为不是任何竞争都可以使系统从无序状态变为有序状态的。竞争可能产生三种作用：一是稳定作用，即竞争的结果使竞争的双方以同一种量的对比关系重复出现；二是正向性作用，即竞争的结果使竞争的双方在新的基础上达到统一，从而系统表现为协同的发展；三是负向作用，即系统将趋于瓦解和毁灭。系统论认为，系统要素的竞争和协同是相互依赖的，正如普利高津在耗散结构理论中提出，耗散就是系统与环境的交换，这种交换就是系统与环境的竞争和协同，通过建立耗散结构，一个远离平衡态的系统可实现自组织，这只有通过竞争和协同才能实现。

2. 涨落有序规律

涨落就是起伏变化，就是从系统稳定的平衡状态的偏离，就是一种非平衡；而有序就是系统要素之间以及系统与环境之间的有规则的联系。根据耗散结构理论的观点，在平衡态中没有涨落的发生，同样在接近平衡态的线性非平衡区，涨落的发生只会使系统状态发生暂时的偏离，而这种偏离状态会不断衰减直到消失，最后回到稳定的状态。只有在远离平衡状态的非线性区，系统处于一种动态的平衡之中，这时系统的一个微观随机的小扰动就会通过相干作用得到放大，成为一个整体的、宏观的"巨涨落"，使系统进入不稳定态，从而跃迁到一个新的稳定的有序状态。因此，系统的涨落，非稳定性就不再是一个干扰的因素，而是对实现某种序起着决定性作用的因素。

一个开放系统只有远离平衡态时，才会出现不稳定性和产生自组织行为，并通过随机涨落的驱动，从一种稳定状态或结构过渡到另一种的稳定状态或结构，从而实现系统的发展演化。这种系统的发展演化是通过涨落达到有序，通过个别差异得到集体响应放大，通过偶然性表现出必然性，从而实现从无序到有序、从低级到高级的发展规律就是涨落有序规律。通过涨落实现有序是一个开放系统的自组织的一种结果，如果这样，系统就进化。否则，就会导致系统的解体和退化。

5.1.3　协同学理论

协同学即"协调合作之学"（凌复伟，2001），是研究不同事物共同特征及其协同机理的新兴的、综合性学科。它着重探讨各系统从无序变为有序时的相似性，即从系统演化的角度研究开放系统在外部一定条件的作用下，其内部诸要素、诸层面和诸子系统之间，如何通过非线性相互作用，依靠自组织协作运行，并且由此导致的新的空间结构、时间结构或功能结构的自发形态，而成为一个协同系统的内部机制和规律。

（1）从统一的观点，处理一个系统的各部分之间的，导致宏观水平上的结构和功能的协作。

（2）鼓励不同学科之间的协作。协同学的目的是建立一种用统一的观点去处理复杂系统的概念和方法。

5.1.4　协同学的基本内涵

德国物理学家赫尔曼·哈肯在通过对液体力学中的贝纳德不稳定性、泰勒不稳定性、化学反应中的时空振荡图样，以及其他物理学、化学、生物学、经济学、社会学中的典型现象的类比分析，以及与热力学中的平衡相变的类比分析发现，尽管在不同系统中的子系统千差万别，然而它们在非平衡相变的演化过程中都具有惊人的类似性，认识到自组织系统从无序到有序的演化，不论它们属于自然系统或社会系统，都是大量子系统之间协同作用的结果，都可以用类似的理论方案和某几种数学模型进行处理。由此得出这类演化（相变过程）与子系统性质无关的结论。

哈肯于1977年正式提出了协同的新概念，从而迈出建立具有广泛应用范围的协同学理论框架的重要一步。协同学以概率论、随机理论为基础，吸取了平衡相变中的序参量概念，建立动力学主方程阐述了无规则事件所遵从的必然规律。同时，协同学引入支配原理求解序参量，有效地描述了系统演化中的宏观有序行为，从而在统计学和动力学相结合的基础上建立了有序结构的核心——自组织理论。

5.1.5 集成化物流的协同

集成化物流和集成化物流服务商是一个复杂系统，其发展的历程是一个典型的系统自组织过程。这是因为：

首先，集成化物流和物流服务商都是处于不断的复杂变化的环境之中。

其次，集成化物流是一个开放系统，其和物流服务商都与国内外政治、经济、社会、科学技术、文化等环境进行交流，不断地与它们进行物质、能量和信息的交换。

最后，物流服务商是一个非线性系统。在这个系统中，各构成子系统（如智力子系统、关系子系统、网络子系统等）之间不是简单的因果关系、线性关系，而是存在着非线性反馈的动力学机制，既存在着正反馈的倍增效应，也存在着限制增长的饱和效应（负反馈）。

1. 集成化物流服务商—集成化物流系统的序参量

集成化物流服务商之所以成为集成化物流系统的序参量，是因为其满足序参量的基本属性。

（1）序参量是宏观参量。协同学研究的是由大量子系统构成的系统的宏观行为，因此描述大量子系统的集体运动的宏观集体效应，还需要引入不同于微观参量的宏观参量。序参量就是为描述系统整体行为而引入的宏观参量，集成化物流服务商是宏观参量，它决定着集成化物流系统的整体行为，代表物流系统能为客户提供"一站式"高效的综合物流服务的水平，其形成与发展不是由系统内部各子系统简单相加的结果，而是由各子系统协同互动的结果。

（2）序参量是微观子系统集体运动的产物，合作效应的表征和量度。序参量的形成动因，不是外部作用强加于系统的，而是来自系统内部。集成化物流服务商产生和发展的动因，来自市场经济对物流需求量的增加和服务质量要求的提高以及物流管理实践本身。在传统的物流系统中，各要素（功能型物流企业或物流服务商）之间基本相互独立，不存在、也不需要对各要素间的结构进行协调和优化。随着信息技术革命和经济全球化的到来，人类社会经济活动的社会化、国际化趋势显著，市场对物流服务提出了更高标准的要求，人们逐渐认识到加强协调和优化物流系统各要素的关联对物流系统乃至整个国民经济系统整体运动效果的影响，从而促使集成化物流服务商的产生和发展，并组织各子系统产生长期关联，形成合作关系，协同行动，反映出社会物流活动的秩序化、规范化和高效化。

（3）序参量支配子系统的行为，主宰系统的整体演化过程。序参量作为系统众多子系统合作效应的表征一旦形成，便对一切子系统的运动产生支配作用。子系统的合作产生序参量，序参量命令子系统合作行为，两者互为对方存在的条件。在集成化物流服务商产生之后，它将决定物流系统战略的制订和实施，直接影响对物流资源的整合；对资源、人才、系统、经验和网络的共享，以及为客户提供一体化高效的综合物流服务水平。同时，系统内部的各子系统的变化也将会反作用于物流服务商，促使集成化物流服务商向更高层次的发展演化。

2. 集成化物流的协同作用机制

作为序参量的集成化物流服务商对物流系统各子系统的支配作用是多层次、全方位的。在集成化物流系统中，物流服务商和物流供应商是推动物流系统向前发展的两大动力源泉。产生这一推动作用的根本原因，就在于物流服务商与物流供应商的协同作用机制。

（1）物流服务商与物流供应商的耦合。集成化物流服务商及其供应商，均具有系统自组织的属性。原因在于它们都是远离平衡态的开放系统，为了自身的生存和向更高层次发展演化，系统需要与环境交换物质、能量和信息。正是这一属性，使得物流服务商和供应商形成相互依赖、互为动因的正反锁耦合关系。

（2）物流服务商对物流供应商的催化。根据自组织理论的基本原理，不论是自然系统还是社会系统（物流系统），系统的自组织过程都遵循着其内在的演化规律，实现着结构和功能的有序和优化，这一过程是不以人们的意志为转移的。但是物流系统的要素构成含有人的社会活动，有人的意识的参与，所以，其发展演化是比自然过程更为复杂的动态过程。也正是由于物流系统中存在着"目的性极强的人的主体行为"，才使得物流系统中有序结构的形成，可以通过人类"有目的、有计划的社会实践来进行构建"。也就是说，物流服务商可以改变和支配物流供应商发展演化的外部环境条件，从而可以有效控制和制约物流供应商的发展和转化，实现对物流供应商演化的良性催化机制。

（3）物流服务商与物流供应商的协同。物流服务商与物流供应商两者共同作为集成化物流系统发展演化的动因，具有不同的功能特征。它们之间不是简单的线性决定性关系，而是复杂的非线性协同关系。在认识和把握其运行机制和规律的基础上，可在适当的时机，通过服务商的支配作用实现对外部控制参量的非线性动态关联放大成一个在临界点起关键性支配地位的"巨涨落"，从而驱动系统实现分叉，选择新的、先进的有序结构。也就是说，充分有效利用和控制物流服务商和物流供应商之间的复杂的非线性协同关系，使集成化物流产生具有"巨涨落"性的发展。

（4）物流协同与物流冲突。这是物流系统发展中相互连接和相互转化的一对矛盾。由于社会经济发展中的多样性和不平衡性，在其发展过程中的某些阶段，由于社会的分工和专业化，不同利益的经济主体之间的经济冲突，有时是不可避免的。物流作为国民经济的重要基础，其间的冲突也是难免的。值得注意的是，物流协同往往导致社会经济势能的聚集并与社会经济的兴旺发达相关联，这是因为当起序参量作用的要素（如物流服务商）的性能加强，各子系统就会产生协同效应，使物流系统处于有序状态。而物流冲突则往往导致社会经济势能的消耗并与社会经济的停滞不前相关，这是由于起序参量作用的要素无法产生，物流系统就会出现某种混乱无序状态，如物流供应链环节过多、流通渠道网的结合部行政障碍太多、不同运输方式标准的相互不兼容等。

5.2 钢铁企业传统物流流程分析

5.2.1 物流流程的一般模式

1. 物流流程概述

物流流程是为了完成某一工作，由按照一定逻辑关系联系起来的而相对独立形成的一系列活动组成，以达到完成这一工作的目的。物流流程由输入、输出、处理、控制和反馈五部分组成（见图 5-1）。输入就是流程要处理的对象，主要有原料、要求、设施设备和指令等；输出是一系列处理后的结果，主要有信息、产品或服务等。

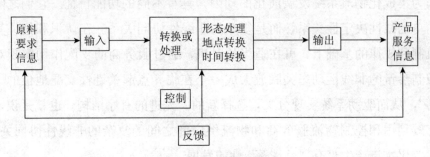

图 5-1　物流流程模式

从转换的结果来划分，转换或处理可以进一步分为形态转换、地点转换和时间转换三种形式。形态转换是将原料或半成品材料转换成具有更高附加值的产品或服务，如生产物流流程中产品的生产或加工；地点转换就是物品或原材料从一个地点到另一个地点的移动，以及移动中的存储，如运输、配送和搬运等；时间转换就是将输入的原材料、半成品以及产成品经过处理转变成有价值的结果输出。如库存环节对产成品的储存，以应对变化的客户需求。任何一个流程至少包括一个或多个处理或转换。

控制是指流程元素的组织结构、流程元素的实施者及其采用的技术和工具。反馈是指为了维护流程输出的某些性质而对转换或处理进行修改和纠正的方法与手段。一般运转良好的流程都应该进行有效的反馈控制过程。反馈的形式是从流程的输出中收集来的信息，例如产品可靠性、准时交货率以及销售收入等。

物流流程可以分解为由动素、动作、作业和工作四个基本活动层面（见图5-2）。动素是指为完成某项工作，人的身体或身体的某一部分的活动；动作是指相关动素在时间和空间上组成的序列，即单个或特定的运动或运动方式，即操作方法；作业是指相关动作在时间和空间上组成的序列；工作是指由在时间、空间等方面有相对固定顺序和因果关系的相关作业围绕核心作业组成的序列，工作是通过某些作业或工作方式而形成的结果。

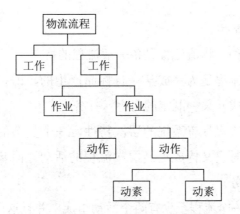

图 5 - 2 物流流程分解

在一般的企业物流流程中，由运输、储存、包装、物料搬运、订单履行、预测、生产规划、采购等工作环节组成。其中的运输环节可以看成一项工作，又由组配、装车、驾驶、卸货等作业组成，以上作业又可以被划分为具体的动作，如组配作业可以划分为集中货物、发运单、办理托运、确定装车时间、发运合并五个动作（见图 5 - 3）。

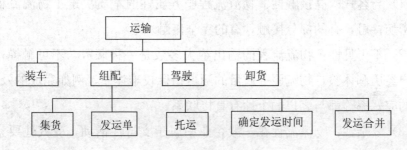

图 5 - 3 运输流程分解

物流流程中的这些环节不是相互独立的，而是相互联系、相互制约的。比如运输和储存是效益悖反的关系，企业使用速度较慢、运费较便宜的运输方式就必须保持较高的库存水平，而企业使用速度较快、运费较高的运输方式可以减少仓库的数目以及库存的数量；企业运输方式的选择将影响产成品和原材料运输时对包装的要求；客户服务水平又跟存货、运输和仓储决策等物流活动相关。优化的企业物流流程，可以保证在低成本水平完成企业的物流活动，从而降低企业的运作和产品成本以及提升企业的竞争力。

2. 物流流程特点

作为流程的一种，物流流程具备一般流程的特点。

（1）目的性：流程是为完成某一目标而产生的，即在流程的投入产出转换过程能实现（完成）某一既定的目标（任务）。

（2）层次性：流程具有系统的层次特性，一个复杂的流程本身又可分成更细小的流程，同时它又构成更高层次流程的活动，而基本活动还可以进一步细分成活动和任务。

（3）整体性：一个流程至少有两个活动组成，并且这两个活动还要以一定的方式连接起来，流程的要素必须按照一定方式结合成一个整体才能实现流程的目的。

（4）内在性：不包括流程的事物或行为是不可想象的，也是不存在的。

（5）周期性：一个流程可以同样被执行多次。流程的周期性有两种表现形式，一是连续不停地重复进行；二是间断地、周而复始地进行。

物流流程本质属于服务性流程，其有着不同于其他流程的特殊性。

（1）与客户的高接触性：物流流程服务属性的本质决定了物流流程与客户的密切接触，有的部分接触，有的完全接触。

（2）不可见性：物流流程的输出绝大多数是一种服务，不可触摸，只能由客户经历和体验，物流服务质量的测量指标较难建立，例如完成的及时性、产品的完好率等都与客户的个性有直接联系。

（3）复杂性：物流流程在一般企业中属于支持性活动，受其他要素的影响和制约，物流流程一般具有多层次、多活动的特点，协调和管理的难度较大。

3. 物流流程再造

从客户需求出发，以物流流程为改造对象，对物流流程进行根本性的思考和分析，通过对物流流程的构成要素重新组合，产生出更为有价值的结果，以此实现物流流程的重新设计，从而获得企业效益的巨大改善。

对物流流程进行再造，需要对物流流程进行系统化优化。从整个物流流程的角度，设计和优化物流流程的各个功能和环节，从而更好、更省、更快地完成物流流程的目标。所谓更好，是指进一步提高组织的利益相关者，尤其是客户的满意程度；更快是指对于顾客的需求变化具有更快的反应速度；更省则是指在提高流程效果时，也要争取以更低的流程运营成本来完成这些活动。

对物流流程优化并不是对原有物流系统的全盘否定，而是使物流系统再升华，使物流更加合理化、高效化和现代化，使物流时间更少，空间范围更加拓展。在对物流流程优化过程中，对某些流程可以采取全盘否定的流程再造方式，即物流流程再造；而对某些流程可能采取渐进式的流程优化方式，即物流流程改进。物流流程再造，是要以需要优化的物流流程为对象，对其进行根本性的思考和分析，通过对物流流程构成要素进行重新组合，产生出更有价值的结果；而物流流程改进，是在保持原有物流流程的基础上，对其进行局部改进，不过这种改进的进行是持续不断的。

流程优化的思想是一种着眼于长远和全局，突出发展与合作的变革理念。物流流程再造应遵循如下原则。

（1）以流程为导向。流程再造不仅是单纯的重新设计流程，最终目的是将企业由过去的职能导向型转变为流程导向型。这一目的意味着，不仅企业的流程设计、组织机构、人事制度等会在再造中发生根本变革，其组织的出发点，领导人和普通员工的思维方式，企业的日常运作方式，员工的激励方式乃至企业文化都将变化。

（2）以客户为导向。意味着企业在判断流程的绩效时，是站在客户的角度考虑问题，尽管这样做时常会和企业的其他需要发生冲突。以客户为中心的特点是员工所做的一切工作都是为最终客户服务的，整个业务流程与客户之间只有一个接口。以客户为中心必须使公司的各级人员都明确，企业存在的理由是为客户提供价值，而价值是由流程创造的，只有改进为客户创造价值的流程，企业改革才有意义。任何流程的设计和实施都必须以客户标准为标准，以客户为中心是流程优化的成功保证。

（3）重视信息技术的支持。流程运作离不开信息的及时传递。高效的信息系统保证信息的及时采集、加工、传递，实现信息的共享，可提高流程的运行效率和对外部变化的响应速度。

5.2.2　钢铁企业传统物流流程结构

　　自工业革命以来，企业对实现职能部门的专业化运作日益重视起来。人们普遍认为职能部门运作得越好，整个企业的运作效率就越高。钢铁企业物流流程具有一般流程的特点，但是因为钢铁生产的特殊性，在物流流程方面也呈现出一些不同之处，主要表现在涉及国内国外大宗物资的采购，进向运输需要经过多次中转，生产物流流程具有复杂性、连续性以及产成品外发运输的一定的局限性。钢铁企业是典型的流程型生产企业，其生产周期相当长，从原材料入库到成品出厂销售过程在 60 天以上，其组织结构按照严格的职能划分。钢铁企业物流流程被各种职能部门割裂开来，一般分为供应物流流程、生产物流流程和销售物流流程。

　　（1）供应物流流程。

　　钢铁企业将采购活动划分到不同部门，供应物流由不同的部门负责，进向物流的运输方式一般也由相应的部门各自决定。所以，在钢铁企业的供应物流中，对于铁矿石的采购，会有专门的原材料采购部门负责，与原材料供应商确定采购价格、批量以及供货要求等，或者为了保证原材料的连续供应，还要与供应商建立联盟关系；对于辅料的采购，也会有专门的采购部门负责，与供应商确定采购的价格、批量以及供货的时间。这些独立的采购部门对于采购信息的共享非常有限，所以在签订采购合同时很少会考虑进向物流的优化问题。同时，对于供应物流管理比较差的钢铁企业，很可能会存在单一产品的多部门采购，从而造成采购的不经济性。一般钢铁企业分割式供应物流流程如图 5-4 所示。

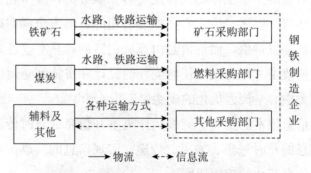

图 5-4　钢铁企业分割式供应物流流程

（2）生产物流流程。

钢铁企业的工厂布置都是基于钢铁生产的工艺流程，图 5-5 表示钢铁企业分割式生产物流流程。不同产品的生产物流流程根据工艺的要求会有所不同，一般每个生产厂对生产过程中的物流流程负责。首先是生产厂为了保证生产过程的连续性，一般都保存一定量的原材料库存；然后钢铁企业对生产进行控制，经过炼铁、炼钢和轧钢等工序生成产成品。大部分钢铁企业经过多年的生产运营，已经形成比较合理的生产流程，但是生产部门中原材料库存的存在仍然是生产物流流程中的极大浪费，一方面增加了生产部门的工作复杂度，另一方面造成过多的原材料库存和资金占用量。但由于钢铁企业的生产连续性，工厂有生产节奏变动的可能和不可预料的因素，保留一定的库存能力是必不可少的。

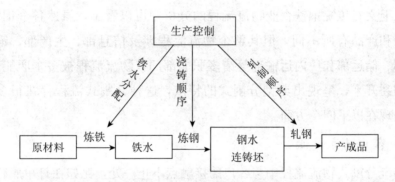

图 5-5　钢铁企业分割式生产物流流程

（3）销售物流流程。

在钢铁企业分割式物流流程中，销售物流由钢铁企业多个职能部门共同完成。比如销售公司负责与客户签订订单以及售后的客户服务，储运部门负责钢铁产成品储存和产成品发运的配载工作，而厂内运输部门负责厂内运输的协调等。销售物流流程按照职能被割裂成三个部分，但这三个部分在销售物流运作方面的关系是非常紧密的。按照职能划分的销售物流流程中，钢铁购买客户需要与钢铁企业多个部门进行交涉，这极大地降低了钢铁购买客户的满意度；产成品的外发过程涉及多个部门，增加了销售物流运作的协调成本和时间。钢铁企业分割式销售物流流程如图 5-6 所示。

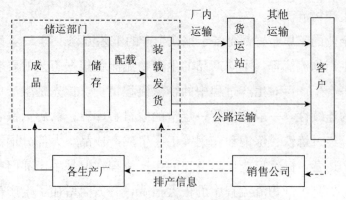

图 5－6　钢铁企业分割式销售物流流程

5.2.3　钢铁企业传统物流流程弊端

从上文对传统钢铁企业物流流程的分析中可以看出，虽然各个钢铁企业的类型和产品有所不同，但其整个物流流程涉及信息部、生产部、销售部、采购部、储运部和厂内运输部等诸多职能部门，物流流程被多个职能部门人为地割裂开来，呈现出典型分割式的特点，这种分割式流程存在很多弊端，主要表现在以下四个方面。

1. 客户满意度低

传统分割式物流流程中与客户的接触点不止一处，比如在订单履行以前，客户需要与销售部门、储运部门或者承运商联系，钢铁企业完整的物流流程被各职能部门所分割，流程中包含很多交接和传递，容易引起错误和延迟，大大增加钢铁物流运作的时间，对客户的需求反应比较迟钝。从而会给客户带来不便，降低购买客户的满意度。如客户与销售部签订购买合同，与储运部协调钢材发运以及与外发运输承运商联系了解产品在途情况等。钢铁企业将其物流流程按职能划分时，往往会出现一些模糊不清的环节，在物流运作中这些环节会成为各个职能部门相互推诿的地方，当客户与各个部门交涉过程中遇到这种情况时容易导致客户抱怨。

2. 流程协调困难

由于物流流程分散在各个职能部门当中，缺乏对跨职能横向流程的统一控制和协调，容易造成各职能部门只关心本部门的利益，而忽视企业的整体利益。同时这种过多的协调工作浪费了企业大量资源，包括人力资源、物力资源以及时间。钢铁企业中原材料的采购部门期望以大批量的采购降低采购成本和单位运输费用，但原材料仓储管理部门则期望小批量的采购以降低库存占用资金和库存保管成本；钢铁储运部门期望大批量少品种的钢铁产品装载和发运，但销售部门为赢得客户订单通常签订小批量多品种的订单。所以，钢铁企业物流流程运作中采购部门需要与仓储管理部门进行协调，储运部门需要与销售部门协调，但由于各个部门目标的冲突导致协调的困难非常大或者协调的成本非常高。

3. 流程效率低下

职能部门界限的存在往往导致一些无效工序的存在，许多任务仅仅是为了满足企业内部需要而设立的，容易导致流程的低效率和流程的延长。钢铁企业分割式物流流程使各职能部门之间的衔接存在许多效率瓶颈，比如生产和储运的衔接不畅导致过多的零星待配库存，销售和外发运输的衔接不畅导致客户的低满意度，等等。钢铁企业不同职能内物流流程的重复导致企业流程的延长，如在采购部门需要有原材料的入库、检验、储存和外发等环节，而生产部门也需要一系列的原材料库存管理环节。物流流程的延长会增加物流运作的时间和成本，进一步降低流程效率。

4. 流程复杂化

钢铁企业传统分割式物流流程是各个职能部门制定的，旨在满足各职能部门物流运作的需要，但从企业整体的角度审视物流流程，会发现分割的物流流程异常复杂。即使是企业内实际从事物流运作的员工也不能很清楚地描绘企业整体物流流程。钢铁企业的职能部门众多，物流流程分散在不同的职能部门，各个职能部门按照部门的需要从自身的角度对物流流程进行划分，导致流程相互重叠、复杂程度高。物流流程的复杂化降低了流程运作的效率，减少企业物流运作人员沟通的可能以及从企业整体角度对物流流程优化的可能。

5.3 钢铁企业物流流程再造的模式设计

5.3.1 物流流程再造模式

1. 流程再造和流程改进的选择

流程和分工是企业组织架构和业务运营的两大导向，即无论是在管理层组织还是经营层组织中，分工和流程二者都是并存的。以流程为主开展企业再造运动，并非不要分工，也并不是"分工带来专业化效率"本身出了问题，而是"分工原理本身没有问题，分工细化相对于组织规模扩大容易产生种种不良现象，相对于变化不定的外部环境出现了不适应问题，以及长期固定式分工不易于创新生产等"。

在激烈市场环境下构建企业组织，开展企业运营，以分工为导向，其效率是递减的，而以流程为导向的效率则是递增的，并且二者呈边际替代之关系。组织构建、企业运营在多大程度上对分工和流程导向予以取舍，应由分工和流程各自互动来决定。图 5-7 所示的是某一企业组织构建和企业运营"分工—流程"坐标系，用以反映流程优化中再造和改进的程度。横坐标表示流程导向，纵坐标表示分工导向，越远离原点 O 则其效率越高，边际递增的曲线 a 表示流程效率曲线，递减的曲线 b 表示分工效率曲线，其交点 E 处为此次流程优化的最佳点。

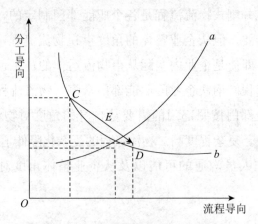

图 5-7 流程再造和流程优化曲线

从图 5-7 中可以看出，当企业处于 C 点时，企业采用严重的分工导向，导致较高的分工效率，而流程效率却非常低下，在这种情况下，为了获得流程效率的大幅度增加，需要采取流程再造的方法，期望获得分工效率和流程效率的总体最大化。但是流程再造后，并非能够到达最优的 E 点，可能会出现流程导向偏重的情况，比如到达 D 点。在这种情况下，采取流程再造这种激烈的方式不能达到最优点，因而流程改进就是必要的。同时应该注意，上述坐标系基于"一段时间内"所构建，如若因时段、区域、行业和市场竞争状况发生变化或有所不同，流程导向和分工导向曲线的位置肯定会相应调整，这就决定了业务流程优化本身也会发生变化。

2. 再造原则

根据企业流程再造和流程改进的原则，钢铁企业物流流程优化可以遵循清除（Eliminate）、简化（Simplify）、整合（Integration）、自动化（Automation）和再造（Reengineering）等原则。

（1）清除主要是消除企业现有流程内的非增值活动。而在非增值活动中，有一些是不得已而存在的，另一些则是多余的，所清除的应该是多余的非增值活动。运用流程图，描绘企业目前整个流程运作情况，从而判断是否存在非增值的冗余环节，它的存在产生怎样的不利影响，而清除是否可行。如何消除或最小化这些活动，同时又不给流程带来负面影响是重新设计流程的主要问题。非增值环节在企业中的表现主要是：过量产出、时间的等待、不必要的运输、反复的加工、过量的库存、重复的活动、反复的检验、跨部门的协调等（张敏洪，2003）。

（2）简化是指在尽可能清除非必要的非增值环节后，对剩下的活动进一步优化。从流程设计的角度来看，原有流程基于历史原因而增加的环节必须予以清除，基于原有流程要素的环节也应当根据现有因素的变化而予以适当简化。通过简化可以减小流程的复杂度，删除内外部出错带来的额外步骤。

（3）整合是对分解的流程进行集成，一般这些分解的流程相关性很高或者业务运作方式比较相似，通过整合可以使流程顺畅、连贯，更好地满足顾客需求。从流程整体眼光来看，一个流程可以被整合的环节主要有：任务、任务的承担者以及流程的上下游。对任务的整合是将企业中原来分散且相关的各项活动合并在一起，以期获得效率的提升；对任务承担者整合是将原来由不同人员负责的事情，交由一个人负责，以期提高人员的效率；对流程上下游的整合从一般意义上来说是对供应商和顾客的整合，通过这种跨越企业范围的整合可以极大地提升企业运作的效率。

（4）流程的自动化，并不是简单以自动化的方式完成。事实上，许多流程因计算机的应用而变得更加复杂和烦琐，因而是在对流程任务的清除、简化和整合基础上应用自动化。许多任务的清除、简化和整合也是要依靠自动化来解决。企业流程实现自动化的方面一般是危险性比较大的活动、工作比较乏味的活动以及数据的采集、传输和分析等。

（5）再造是当企业中存在必要的非增值环节或者冗余环节时，对流程进行全盘的重新考虑，以期获得效益的大幅度提升。再造的核心是实现流程再造和企业流程化，以往的工作顺序就不再是新流程的依据，更不是变革的依据，而是围绕企业最终要为顾客提供的产品和服务进行流程的设计和组织。对流程进行再造时，要让那些利用生产结果的人进行这些工序以及在真正产生信息的实际工作中处理信息。

3. 模型设计

首先运用流程图工具对钢铁企业现有分割式物流流程进行仔细分析，其中包括供应物流流程、生产物流流程和销售物流流程，然后将各个分割式物流流程的流程图连接起来，从钢铁企业整体角度分析钢铁企业的物流流程［兰利（Langley），约翰（John），1993］。通过对流程图的分析，找出整体物流流程中效率低下的环节或者冗余的环节，运用流程优化的理论对原有流程进行清除、简化、整合、自动化或者再造，对于非增值的浪费最好采用流程改进，而对于那些必须留存的非增值环节则要实施流程再造。通过以上方式优化后的流程就组成了钢铁企业集成化物流流程。钢铁企业物流流程再造模型如图 5-8 所示。

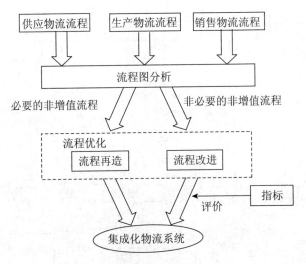

图 5-8 钢铁企业物流流程再造模型

5.3.2 物流流程图分析

为了从更高层次把握钢铁企业物流流程，需要从企业整体的角度绘制物流流程图，如图 5-9 所示。客户与销售部门签订订单，事后出现的异议事项与销售部门进行沟通，产品运输途中物流信息的获取与承运商进行联系；销售部门对订单进行汇总，对订单信息进行分类处理，并且将产品的生产信息和外发信息分别传递给生产部门和产品外发管理部门；产品外发管理部门负责产成品库存管理和外发管理，对外发产品进行运输装载和对外发承运商进行选择和管理；生产厂对钢铁的生产进行控制，向采购部门发出原料需求信息，并且对一部分生产原材料进行必要储存；厂内运输管理部门负责生产厂原材料配送的运输活动，进行厂内运输力量协调，安排生产配送的运输运力；采购部门负责原材料的采购和库存管理以及供应商关系管理，并且按照生产厂的需求准备原材料，交由厂内运输管理部进行生产配送。

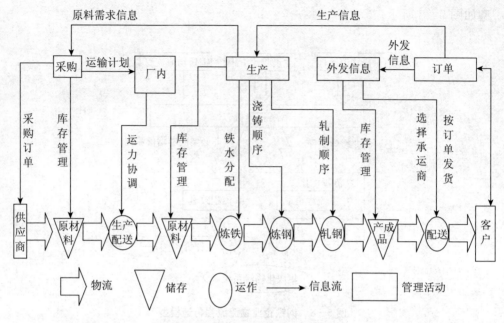

图 5-9 钢铁企业分割式物流流程

钢铁企业分割式物流流程中存在有许多非增值的活动。比如：原材料库存在两个环节中存在，并且分别由不同的部门负责管理；生产配送环节的低效率导致原材料库存的增加；生产信息共享的不完全导致产成品库存的增加；客户订单信息共享的不完全导致原材料库存的增加；生产配送需要在三个部门之间协调，降低了配送的效率和提高了配送的成本。这些环节的叠加存在，不仅增加了钢铁企业物流运作的成本，而且降低了钢铁企业物流运作的效率。这些非增值的活动可以分为四类。

1. 原材料库存多环节储存

在供应商和生产配送活动之间留有原材料库存，旨在满足供应商交货的提前期和交货的不稳定。采购部门负责原材料库存的管理，确定存储的数量、订货的批量以及进行原材料的保管工作。在生产配送活动与钢铁生产活动之间也留有原材料库存，旨在应对生产配送的延迟和不稳定。生产部门负责这一原材料库存的管理，确定安全库存的数量、订货的批量和时间以及进行原材料的保管工作。原材料的多环节储存，虽然可降低生产停工待料的风险，但其是非增值环节，会产生极大的浪费：由于不同职能部门对同一物资执行相同的活动，造成人力资源的重复投入；分散库存存储的方式导致原材料库存增加，原材料库存相应增加储存成本和资金占用成本。

2. 生产配送环节低效率

钢铁企业分割式物流流程中生产配送流程涉及三个部门：生产部门、厂内运输部门和采购部门。生产部门根据生产要求和原材料现存数量向采购部门发出配送计划；采购部门根据生产部门的配送计划、原材料现存数量，向厂内运输部门发出原材料配送计划；厂内生产部门按照采购部门的配送计划，组织运输力量，进行生产配送。钢铁企业生产配送运作流程和信息传递流程涉及多个部门，存在很多非增值环节，产生极大的浪费：信息在多个部门之间传递，增加了信息传递的时间和成本，进而增加生产部门的库存；生产配送流程分解在多个职能部门，职能部门各自为政的运作方式增加许多无效率的协调工作；生产配送流程分解在多个职能部门，增加生产配送的不确定性，增加生产部门原材料安全库存。

3. 客户物流服务水平低下

钢铁企业分割式物流流程与顾客的接触有三个部门：销售部门、外发管理部和运输承运商。客户与销售部门签订订货合同，确定采购批量、送货时间以及送货方式，并且就产品质量问题与销售部门进行沟通；客户与外发部门联系，以确定产品外发的状态；客户与运输承运商联系，以确定产品运输途中的状态以及到达时间。客户与物流流程多个环节接触，极大降低客户服务水平，降低钢铁企业物流服务的价值。多个接触点，不仅增加客户购买钢铁的时间成本和精力成本，而且使客户服务水平无法看齐，钢铁企业对客户服务水平的控制力减弱。

4. 信息共享程度差

钢铁企业分割式信息流程共享程度非常低，生产部门只能得到销售部门处理以后的订单信息，外发部门只能得到销售订单的外发时间、地点等信息，采购部门只能得到生产部门的需求信息。在钢铁企业内部，各个部门都负责一部分信息的收集、处理和传递，降低效率。低信息共享度，不仅导致生产部门的生产不能适应市场的需求，采购部门的采购按经验法则进行而产生过量的库存，而且导致外发部门与生产和销售衔接时效率低下并产生钢铁企业中信息孤岛以及重复录入的现象。

从钢铁企业整体物流流程运作的角度分析，有四个非增值环节，它们的存在导致钢铁企业分割式物流的各项弊端，其对应关系如图 5‑10 所示。从图中可以看出，四种非增值环节之间相互影响，比如原材料多环节储存导致生产配送的低效率以及信息共享程度低下等（管曙荣，张伟，黄小原，2004）。四种非增值环节导致了分割式物流流程的各种弊端，比如原材料多环节储存导致流程协调困难、流程效率低下以及流程的复杂化等。

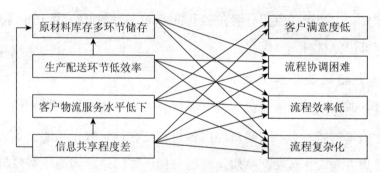

图 5‑10　非增值环节的对应关系

5.3.3　物流流程优化与再造步骤

基于集成化物流的钢铁企业物流流程优化与再造是从整个企业的角度出发，最大程度地整合钢铁企业物流资源。在对流程优化时，要分清楚非增值的环节存在的必要性，对于流程中存在的不同形式浪费需要采取不同的优化与再造措施，具体步骤如图 5‑11 所示。

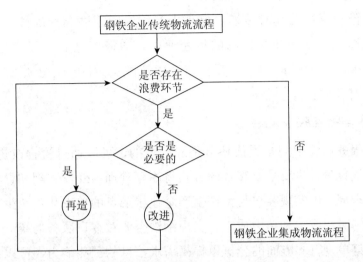

图 5‑11 钢铁企业物流流程优化与再造步骤

1. 原材料库存统一管理

在多个地方储存原材料，是一种极大的浪费，但这种浪费是可以避免的。物流流程优化时，可以对原材料多环节储存采用消除的优化方法，即消除生产部门的原材料库存。通过原材料库存的统一管理，一方面降低原材料的库存水平，减少库存管理人员和设施设备的投入；另一方面可以对仓储管理流程进行标准化，实施统一运作。生产部门原材料库存是为应对生产配送的延误和不稳定而存在的，在消除生产部门原材料的同时，为了保证钢铁生产的连续性需要对生产配送环节进行优化。

2. 实施准时制配送

钢铁企业原有的配送流程中存在大量的非增值环节，这些非增值环节通过流程改进是可以优化的。同时为了对原材料库存实施统一储存，需要实现钢铁生产的准时制配送。物流流程优化的步骤是，首先对钢铁生产配送流程进行整合，然后通过设备技术改进对流程进行自动化，以实现生产的准时制配送。整合是指将涉及生产配送的采购部和厂内运输管理并入物流管理部，以实现对原材料库存、厂内运输能力、生产部门需求信息以及供应商供货信息的一体化协调与控制，以提高生产配送的效率；自动化是改进生产配送的运输设备和生产配送的信息系统，实现生产配送是原材料的高速运输和信息的瞬时传递，提高生产配送的速度和准确性。生产配送自动化的加强，首先加快信息的传递速度，增强信息的处理和分析能力，这是实现准时制配送的关键；其次缩短生产配送的时间，也是实现准时制配送的必要条件。

3. 整合物流服务流程

物流服务过程中的非增值环节是非必要的，可以通过流程改进来优化。物流流程优化时，主要采取整合的方式将库存管理、外发管理和订单处理并入物流管理部，以实现客户与钢铁生产企业接触点的单一化，减少客户购买钢铁产品的时间成本和精力成本；实现钢铁企业对客户服务的统一管理，可以对顾客订单进行多方面的分析以提高需求信息的预测能力，可以在单一部门完成客户服务的所有流程。所以，物流服务流程的整合，既降低了客户服务的成本，又提高了客户服务的水平。

4. 建立统一信息系统平台

从前面的分析中可以看出，原有信息流程错综复杂，且又被各个职能所割裂，因而在流程优化时，采取物流信息流程再造的方式，打破原有各职能部门各自存储信息、发布信息和利用信息的方式，建立面向整个企业的信息系统，各个职能部门从企业信息系统获取信息，并且向企业信息系统输入其产生的信息，信息的分析处理由企业信息系统来完成。建立统一的信息系统平台，可以完全消除企业内信息孤岛的现象，实现信息的源头录入、统一处理分析以及信息的完全共享。信息源头录入是指在信息产生的地方就进行信息录入，以有效减少信息的错误和失真；信息统一处理分析是指由企业的系统进行各项数据的分析，各个部门根据情况调用所需要的数据；信息的完全共享是指信息在企业内部是完全公开的，各个物流流程活动的执行都是建立在对整个企业物流信息充分了解的基础之上。

按照以上方式优化后的钢铁企业集成化物流流程如图 5 - 12 所示，其优点主要体现在四个方面：增加客户满意度、流程整体优化、流程导向的物流运作以提升流程绩效、流程标准化加强。

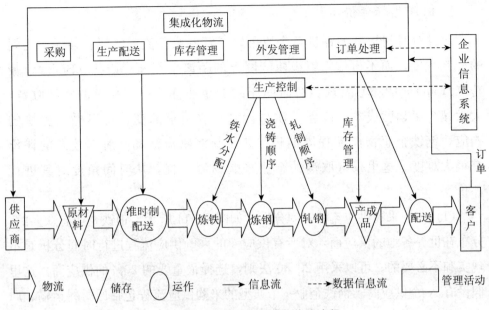

图 5‑12　钢铁企业集成化物流流程

5.3.4　物流流程优化与再造效果评价

1. 定性评价

从钢铁企业整体角度出发，物流流程的再造方案与现代物流流程优点的对应关系（刘莉萍，2005）如图 5‑13 所示。现代物流流程优化方案是针对原有流程中非增值环节提出的，通过优化方案的执行，可以获得现代物流流程所带来的利益。从图中可以看出，每一个方案的实施可带来多方面利益，如对原材料库存进行统一管理，可以使流程从整体上得到优化，以及提高仓储管理流程的标准化。

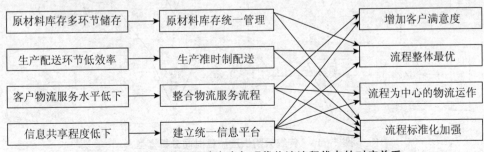

图 5‑13　物流流程再造方案与现代物流流程优点的对应关系

107

2. 时间指标评价

通过对时间指标的评价，企业可以了解各业务流程之间、各活动之间的交互程度，而不再依靠组织职能图上的距离来判断。斯托（Stalk）、豪特（Hout）（1993）发现实行时间压缩的企业都获得了显著的经济收益，大大减少了运营成本，改善了质量，对顾客需求的变化也可做出更快的响应。钢铁企业物流流程周期长、涉及众多物流活动，对其效果的评价有很大难度。这里仅选取钢铁企业采购物流流程，从时间角度对其进行评价。

（1）传统采购供应流程时间分析。如图 5 - 14 所示，钢铁企业有众多的、分布在世界各地的供应商，对所有供应商的采购供应流程进行时间分析是不现实和不必要的。可以采用 20/80 法则，选择最重要的 20% 的供应商，这里假设有 N 个供应商。钢铁企业一个典型的采购供应流程包括原材料运输、原材料采购处储存、厂内运输、原材料生产处储存、原材料组配以及生产线配送。其中从运输到原材料生产处储存环节（第一阶段），不同供应商的流程时间有所不同，用 T_1 表示；组配到配送环节（第二阶段），不同原材料组合一起，每个环节具有相同的流程时间，用 T_2 表示。

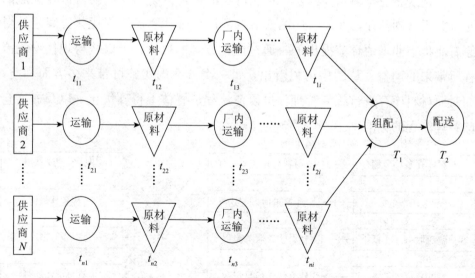

图 5 - 14　传统采购供应流程时间分析模型

供应商 1 第一阶段的流程运作时间 $T_{11} = \sum_{i=1}^{4} t_{1i}$，供应商 2 第一阶段的流程运作时间 $T_{21} = \sum_{i=1}^{4} t_{2i}$，依此类推供应商 N 第一阶段的流程运作时间 $T_{n1} = \sum_{i=1}^{4} t_{ni}$。从采购供应流程的整体看，第一阶段流程时间（$T_1$）取决于 T_{11} 到 T_{n1} 这 N 个时间最长部分，即 $T_1 = \max(T_{11}, T_{21}, \cdots, T_{n1})$，则钢铁企业传统采购供应流程时间 $T = T_1 + T_2 + T_3$。

（2）采购供应流程优化后时间分析。钢铁企业物流流程优化以后，采购供应流程发生很大变化（见图 5-15），主要是消除厂内运输和原材料生产处储存两个环节，使得流程在很大程度上得到简化。供应商 1 第一阶段的流程运作时间 $T'_{11} = T_{11} + T_{12}$，供应商 2 第一阶段的流程运作时间 $T'_{n1} = T_{21} + T_{22}$，依次类推供应商 N 第一阶段的流程运作时间 $T'_{n1} = T_{n1} + T_{n2}$。从采购供应流程的整体看，第一阶段流程时间（$T'_1$）取决于 T'_{11} 到 T'_{n1} 这 n 个时间最长部分，即 $T'_1 = \max(T'_{11}, T'_{21}, \cdots, T'_{n1})$。则钢铁企业传统采购供应流程时间 $T' = T'_1 + T'_2 + T'_3$。

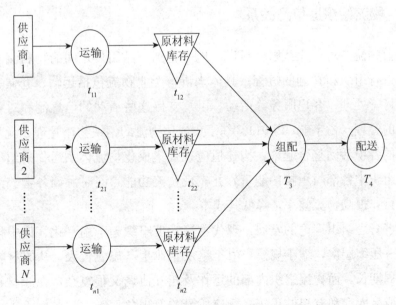

图 5-15 现代采购流程时间分析模型

（3）采购供应流程优化效果分析。钢铁企业采购供应流程优化以后，总体时间变化为 $\Delta T = T - T'$。如果 $\Delta T > 0$，则表示流程优化减少了采购供应流程的运转时间，从时间角度衡量流程优化是成功的；如果 $\Delta T \leqslant 0$，则表示流程优化从时间角度衡量并不成功。

对物流流程进行时间分析，一方面可以考察流程优化的效果，另一方面也为流程的持续优化提供依据。通过对各供应商供应流程的时间分析，可以发现供应流程中瓶颈，剔除无效率的供应商。

5.4 钢铁企业物流流程再造的组织保障

物流流程再造必然会引起组织结构的变革，在物流流程再造的基础上进行组织结构变革是要对层级组织进行改造，流程再造从根本上改变了组织设计的思路和理论基础，原来按照分工原则设立的层级组织结构必然会因为物流流程的改变而改变。另外，组织结构变革也是物流流程完整和高效运行的保证，通过组织结构的变革，可以改变物流流程割裂和运行效率低的现象。

5.4.1 物流组织地位及关系

企业物流是对企业从原材料供应地一直到产品用户之间的物料流及有关信息流进行组织和管理的过程。具体来讲，企业物流包括运输、仓储、物料管理、订货处理、客户服务等活动，以及支持这些活动的信息流和对整个物流过程的管理（杨宇航，2001）。基于集成化物流的钢铁物流管理，就是将上述物流的各项活动整合起来，构建适应现代集成化物流体系运作的组织，合理分配组织中各部门承担的职责，并实现物流功能，同时协调各物流活动的顺利进行，提高物流效率，降低其成本。

随着管理组织理论的发展，现代物流管理组织趋于扁平化、集中化和网络化，并压缩层次，缩小规模。由于钢铁企业生产规模较大，从原材料供应到销售周期长，而物流组织内部的运作及相互协调又很复杂，在原材料、在制品、成品库存都有超储积压、物流质量差等现象。所以，在集成化物流系统前提下，现代钢铁企业追求的是整体效益，物流效益与生产加工效益处于同等重要的地位。管理者不再单纯地追求生产制造过程的高速与高效，而把生产制造与物流作为一个整体来计划、组织和控制，物流管理也由单纯的操纵型管理向决策型管理方向发展。所以，企业需要建立面向物流运作流程的扁平化网络型组织架构，并以客户价值创造为导向，实现对集成化物流系统的有效管理，达到整体最优。

为此，要明确物流管理部门在整个钢铁企业的组织地位，为使其统一规划和集中管理整个钢铁企业的物流工作，其组织地位应该高于其他企业分公司或者子公司，与企业的综合管理部门平行。

这种物流组织的设计理念来自 20 世纪 90 年代企业组织的一个重要变化，即改变原来单纯以事业部为中心的组织体系，实行某些职能管理活动的统一化和集中性管理，打破事业部的界限。现代物流不仅在横向上集中了各事业部的物流管理，而且在纵向上统括了采购、生产、销售等伴随钢铁企业经营行为而发生的物流活动。

5.4.2 物流组织结构设计

在集成化物流体系环境下，钢铁企业物流管理的组织结构，必须基于集成化物流一体化运作流进行构建，并力图在一个高层经理的领导下，统一所有的物流功能和运作。强调以物流流程为中心取代原来的强调以物流职能为中心的组织设计方式，将物流纳入到整个企业的流程再造中，但不能简单地按照仓储、运输、包装等物流职能设置相关的部门，而是根据钢铁企业原材料采购、半成品和产成品的流向和流动过程，将物流同新产品开发、生产制造、客户服务等环节有机结合，实现实物流和信息流的有效融合，并加强各物流支持部门（仓储、运输、包装等）与各物流运作部门（采购、制造物料供应和销售配送等），以及与生产、销售等部门的协调，实现各部门之间有效地运作。这种物流组织结构将实际可操作的许多物流细化的运作集中到一个权利和责任下，目的是对所有原料和产成品的运输、包装和仓储进行战略管理，以使其对企业产生最大的效益。物流管理部的部门设置如图 5 - 16 所示。

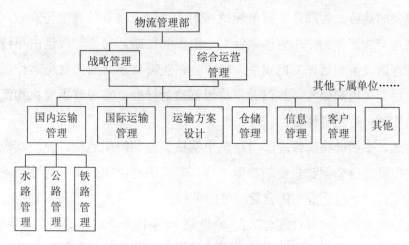

图 5－16　物流管理部的部门设置

以上所构建的集成化物流管理组织，具备以下优点：一是可以从钢铁企业战略层的高度来规划和管理物流工作，掌握物流工作的控制权，以减少物流运作成本，提高物流运作效率和物流服务质量；二是物流管理部门矩阵式的结构有利于实现各物流功能，如包装、运输等支持性物流职能的合理调配；三是物流各个环节的协调运作，能有效降低交易成本；四是避免商业秘密泄露，在同一企业集团中运作物流系统，有利于对供应商、客户资料的保密，并保证物流系统的正常运作；五是以同一企业的品牌进行物流服务，有利于提高企业品牌价值；六是由企业掌握客户资源，便于客户关系管理，并提升客户关系。

该物流组织的缺点主要有：一是对物流管理部成员素质要求较高。因为在集成化物流体系环境下，物流管理部门要站在集团公司的高度来统一规划和集中管理物流业务工作，所以要求其组织成员具有全局观、协调管理等多方面的素质能力；二是对物流管理部本身权力与职责范围的界定要求较高，其所管理的物流工作职责如何合理分配给下属各部门也是需要考虑的问题，这都增加了管理上的难度；三是由企业本身来提供物流服务，其所需的投资和所占用的资源也较多（刘振元，郭敏，费奇，2004）；四是在集成化物流体系环境下，集中管理的物流组织存在比较大的风险，其中一个环节出现问题，往往会影响整个物流流程的顺利运行。

6 钢铁企业物流流程再造系统动力学模型与仿真分析

6.1 影响钢铁企业流程的关键因素分析

企业的业务流程既是构筑合理的企业战略与组织构架的桥梁,亦是企业运营的基本手段〔查理德(Richard B),翠斯·尼古拉斯(Chase Nicholas J),亚桥拉莫(Aquilamo F),罗伯特·雅各布斯(Robert Jacobs),1998〕。流程的运行效率直接影响着企业整体运行效率,因而在对流程进行分析、优化、重新设计及实施当中,必须考虑多方面的影响因素,包括战略制订、组织结构以及绩效管理、人员素质和信息技术等因素。

6.1.1 企业战略对流程的影响

公司战略的基石不是产品和市场,而是业务流程,产品和市场只是个表象,竞争的成功取决于将企业的关键流程转换为能一直为消费者提供较高价值服务的战略能力。企业的流程和战略相互作用,虽然企业管理者并不一定清楚是如何进行作用的,但他们能明显感到新产品的上市流程周期过长、订单执行流程的效率低下都会直接对企业战略的实现产生影响。

流程最主要的属性在于其功能,表现为目的性,流程的产生及变化的最根本原因也在于功能的加强或转换,即目标性的调整,而企业流程的目标的最终溯源是企业的战略目标和方向。因而企业流程与企业的战略息息相关,战略的变化对流程的变化起着方向性的影响。但我们常常看到,由于企业战略定位不清、战略执行模糊,对流程就产生了不良影响。

(1)企业战略定位模糊,直接导致企业经营方向不明确,作为战略的执行层面的流程,也面临着流程的设计、设置及监控目标不明确,致使流程管理出现混乱。

（2）虽然企业战略构想明确，但战略实施中由于多种原因导致执行不力。除了本身战略制定的问题之外，其主要的原因表现在战略的执行和监控由多部门执行，并且通过多部门的职责目标的设置来予以保证，但部门追求各自分立目标，造成部门利益冲突。

（3）企业的战略方向进行了调整，但企业的流程却未随之变化。

6.1.2　组织结构对流程的影响

组织设计及其组织结构往往被认为是影响企业运行效率的关键。因此大多数企业在进行调整、改革时一般都会在组织结构的调整上花大力气。但其调整后仍会发现存在大量的职能重叠、相互扯皮的混乱现象。事实上，组织结构只是企业运行中的显性化表现，其隐性的实质仍是流程〔拉隆德（La Londe），伯纳德（Bernard J），理查德·福克斯（Richard F Powers），1993〕。组织的形式只是流程运行的一种结构载体和表现，也是流程再造结果的体现和保证，而这些正是目前以职能导向的组织常常忽视的方面。

组织结构是流程的外在载体，是企业流程运行管理的主要机构的架构层次体现。此处以目前常见的职能导向的组织结构为对象讨论组织结构对流程的影响。

（1）组织结构的缺陷导致流程混乱。

当组织设计中没有认真考虑流程时，一方面会带来部门职能、职责交叉与岗位职责重叠，直接导致流程管理中出现多点控制，流程运作受到多重触发；另一方面会出现流程的断点，造成流程中某些环节无人进行处理，没有人对流程的整体负责。这样，由于组织结构的不健全，必将导致流程混乱，难以保证流程的运行质量。

（2）缺乏横向交流。

当前国内很多企业都特别强调管理体制上的层层负责制，这对管理机构的责任划分起到了重要的作用。但由此也造成了企业管理中纵向分工有余而横向协调合作不足的现象，造成每个岗位的员工都只能对自己的领导负责，部门间和岗位间界限分明，企业中的许多工作和任务常常只是为了满足内部协调的需要。在这种机制下，既可能导致一些无效工作的存在，也会使贯穿职能机构的横向流程缺乏统一的控制机制，严重地影响流程的运行效率。

6.1.3　流程的配套支撑因素的影响

流程在企业中的运行通常还受到其他配套因素的影响［安德鲁·布拉瑟威克（Andrew Blatherwick），2001］。主要有两个方面：人的因素和以信息技术为代表的技术因素。

1. 人的因素

在流程中"人"是流程执行的主体，因而人的思想观念、素质以及企业对人的激励方式和水平对流程运行的影响不容忽视。主要体现在以下几个方面。

（1）人的观念。受职能分工以及等级制度的长期影响，各级员工不太关注企业流程的运作，企业流程再造作为一种新的变革思想，不可避免地会对企业各级员工的观念上、思想上产生较大的触动和影响。

（2）人的素质。企业员工的专业素质和能力与完成活动的效率和质量直接有关，并且员工素质常常通过活动实现方式（手工或者计算机处理）的不同形式间接地对流程绩效起作用。

（3）员工绩效管理。作为对企业员工实施激励的绩效管理制度，是企业对员工的行为导向的重要方式，直接与员工的薪酬和升迁有关。流程的绩效指标引入与否关系到企业的员工是否重视流程的运作。

2. 信息技术对流程的影响

作为流程改进的实现方式的主要选择，信息技术使流程从手工处理形式转变为以计算机处理的形式，大大提高了流程的运行效率。同时我们可以看到，信息技术应用的选择、使用方式的不同，对流程运行产生的结果也不尽相同。企业面临可选择的信息技术很多，而且功能不尽相同，针对企业的资源状况，企业需要结合自身特点，对信息技术进行筛选，否则信息技术的应用对流程效率的影响将不确定。盲目地应用信息技术容易造成资源浪费，而真正需要信息技术改进流程效率的方面却常常受到忽视。

6.2 基于 ABC 法的钢铁企业物流流程再造

6.2.1 ABC 法的原理

1. 概述

ABC 是 Activity Based Costing 的英文缩写，即通常所说的作业成本法（杨东，许克峰，2000）。它以作业为中心，通过对作业成本的确认和计量，对所有作业活动追踪地动态反映，为尽可能消除"非增值作业"，改进"可增值作业"，使其及时提供有用信息，促使损失、浪费降低到最低限度，从而提高决策、计划、控制的科学性和有效性，促进企业管理水平的不断提高。

ABC 法的基本思想是，产品成本的产生源于作业的消耗，而并非与资源有关。所谓作业就是企业为获得产品或提供劳务而进行的活动。其实质目的就是：立足于经营的最后一个环节（即产品销售到顾客的环节）来看，能够产生和增加客户价值的作业是需要大力加强的有效作业，即增值作业；不增加价值的作业是维持作业或无效作业，即非增值作业，需要严格控制，这类作业又可分为必要的和非必要的两类活动。必要活动是维持企业正常的生产运行所必需的作业，即使企业实现信息化之后，也不能将其消除；反之，即为非必要活动。

2. 分析步骤

（1）描述作业。首先确定企业的经营目标，然后判别并描述企业为客户提供产品成本或服务而进行的各个作业。

（2）分析作业的必要性。这要从企业和顾客两个角度来分析。如果某作业对客户来说是必要的，那么就是必要的作业，能为客户增加价值；如果某作业对客户来说是不必要的，则要进一步看该作业对企业是否必要，如果对企业必要，即使与客户无关也是必要作业。那些既非客户所要，也不能为企业组织管理发挥作用的作业，都是不必要的，必须消除。作业必要性分析如图 6-1 所示。

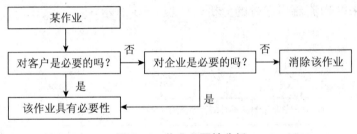

图 6-1 作业必要性分析

（3）对于必要作业，通过对企业调研数据的分析，判定其是否高效作业或最佳作业，若不是，则根据企业发展及社会发展寻求改进的机会。

（4）分析作业之间的联系［米高·亥玛（Mchical Hammer），1998］。各种作业相互联系，形成作业链。这个作业链必须使作业的完成时间和重复次数最少。理想的作业链应该作业与作业之间环环相扣，而且每次必要的作业只在最短的时间内出现一次。

3. 分析标准

（1）如果客户愿意为一项作业付费，则该作业为增值、必要作业。

（2）如果客户不愿意为一项作业付费，即对客户来说该作业是非必要的，但对企业来讲是不可少的，则该作业为非增值、必要作业。

（3）如果一项作业对客户和企业来讲都是非必要的，则该作业为非增值、非必要作业。

判断作业是否必要的前提是：实施企业物流管理信息化及供应链管理后可以消除的作业，或在供应商处就应该控制好的作业就是非必要的，反之则为必要的。

4. 分析过程

本文在对某钢铁集团物流管理流程的详细调研的基础上，选择采购、销售、库存、运输等比较典型的物流管理流程，在供应链管理的指导下进行了基于 ABC 法的物流流程再造，并采用系统动力学进行模拟分析。

6.2.2 基于 ABC 法的钢铁企业采购物流流程设计

钢铁企业现行的采购物流流程，如图 6-2 所示，运用 ABC 法对钢铁企业现行的采购物流流程进行的分析，如表 6-1 所示。

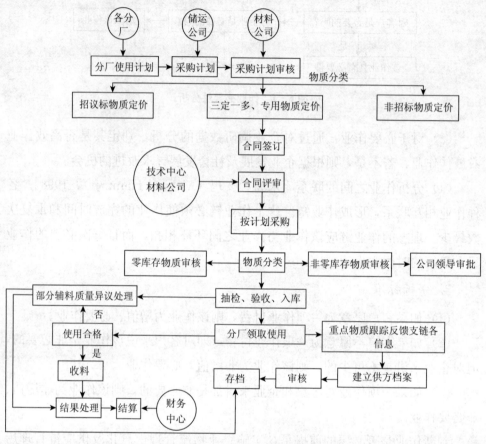

图 6-2　钢铁企业现行的采购物流流程

表 6-1　　　　　　　　　　　钢铁企业现行的采购物流流程分析

序号	业务流程描述	作业分类	是否为必要活动
（1）	分厂提出使用计划	非增值作业	必要活动
（2）	汇总制订采购计划	非增值作业	必要活动
（3）	材料公司审核采购计划	非增值作业	非必要活动
（4）	确定物质采购计划	非增值作业	非必要活动
（5）	签订合同	非增值作业	必要活动

序号	业务流程描述	作业分类	是否为必要活动
（6）	评审合同	非增值作业	必要活动
（7）	执行采购	非增值作业	必要活动
（8）	物质分类审核	非增值作业	必要活动
（9）	领导审批非零库存物质	非增值作业	非必要活动
（10）	抽检、验收、入库	非增值作业	非必要活动
（11）	质量异议处理	非增值作业	非必要活动
（12）	收料	非增值作业	必要活动
（13）	财务中心结算	非增值作业	必要活动

可以看出，采购计划制订过程中事后控制现象居多，如储运公司制订采购计划后，材料公司经理办公室还要对其进行验收，但实际上应该由材料供应公司根据销售和库存情况制订采购计划。目前，流程中存在着"采购人员接到采购执行计划后，进行清理、统计，与相关单位人员联系，了解库存、供货时间、质量技术要求等，提出实施意见，再报分公司领导审定批准"等一系列不必要的往返流程。因此应加强采购计划制订的事前和事中控制，使信息同步、协调传输，提高流程运作效率。

对采购流程的调研问卷表明，采购计划的制订、审核、物资定价以及合同评审所需的执行人数分别为 7 人、9 人、5 人和 6 人，占整个过程总人数的 75%。此外，物资定价所需时间较长，一般要 1～2 天，合同评审时间为 3～10 天，质量异议处理要 15 天左右，与供应商签订合同要 1（省内）～15（省外）天。

通过对表 6-1 的分析可知，该企业流程可作如下再造：活动（1）与（3）的信息通过计算机传递给储运公司，材料采购公司从网上接收采购计划，并随即将采购计划通知上游供应商，供应商准备货物，双方签订合同，协商定价，采购员采购，制造部门准备收货，同时通知材料采购公司进行财务结算。再造后的采购物流流程如图 6-3 所示。

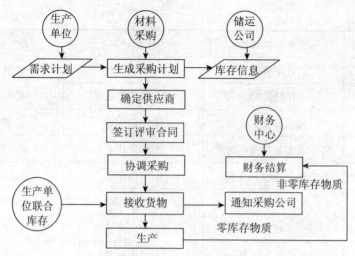

图 6-3　再造后的采购物流流程

6.2.3　基于 ABC 法的钢铁企业销售物流流程设计

现行的销售物流流程如图 6-4 所示，运用 ABC 法对销售公司现行销售流程进行分析的内容如表 6-2 所示。

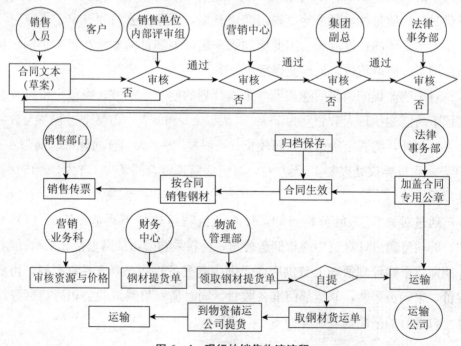

图 6-4　现行的销售物流流程

表 6-2   销售公司现行销售物流流程分析

序号	业务流程描述	作业分类	是否为必要活动
(1)	拟定合同文本（草案）	增值作业	必要活动
(2)	销售部门内部审核合同	非增值作业	必要活动
(3)	营销中心审核合同	非增值作业	非必要活动
(4)	集团公司副总审核合同	非增值作业	必要活动
(5)	法律事务部审核合同	非增值作业	必要活动
(6)	法律事务部合同盖章	增值作业	必要活动
(7)	销售部门制作销售传票	非增值作业	非必要活动
(8)	审核资源与价格	非增值作业	必要活动
(9)	财务中心制作钢材提货单	非增值作业	非必要活动
(10)	物流管理部领取取货单	非增值作业	非必要活动
(11)	运输公司领取取货单	非增值作业	非必要活动
(12)	提货	增值作业	必要活动
(13)	运输	增值作业	必要活动

通过调研了解到，活动（1）消耗费用比例占整个流程总费用的 60%～80.5%，其次是运输送货，其费用比例为 10%～15%；在人员消耗中，活动（1）、（2）、（3）和（11）平均所需人数较多，尤其是审核活动，每步审核一般都要 2 人或更多人。

营销中心在销售合同审核生效以前几乎不对合同文本（草案）进行审核，因此本书认为作业（3）是非必要作业，可以删除。对于作业（4）与作业（5），有必要将它们之间的顺序相互调换，先审核合同的合法性再由集团营销副总审核签字生效，这样可以减少副总的无效工作量，而有更多的时间思考企业的发展战略。作业（8）中，营销业务科在合同生效后才进行销售价格及资源审核，显然是不合理的，因此必须将其提前。作业（7）、（9）、（10）和（11）实现信息化后可以由系统快速方便地完成。再造后的销售物流流程如图 6-5 所示。

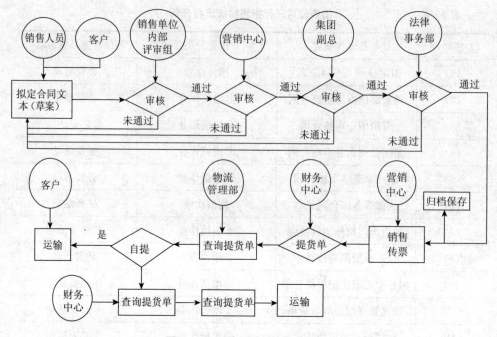

图 6-5　再造后的销售物流流程

6.3　采购物流流程中订货系统动力学模型

6.3.1　系统动力学仿真软件 Vensim 介绍

1. Vensim 仿真软件特点

Vensim〔史密斯（Smith），威尔伯（Wilbur I），1997〕软件是一个可视化的建模工具，通过使用该软件可以对系统动力学模型进行构思、模拟、分析和优化，同时可以形成文档。其主要特点是：

（1）利用图示化编程进行建模。在 Vensim 中，"编程"实际上并不存在，只有建模的概念。在启动 Vensim 系统后得到的主窗口中，依据操作按钮画出简化流率基本入树图或流图，再通过 Equation editor（公式编辑器）输入方程和参数，就可以直接模拟使用。在 Vensim 中方程及变量不带时标，模型建立是围绕着变量间的因果关系展开的。

（2）运行于 Windows 操作系统下，采用了多种分析方法，使得 Vensim 的输出信息非常丰富。输出兼容性强，一般的模拟结果，除了即时显示外，还提供了保存到文件和复制到剪贴板等方法输出。

（3）对模型提供多种分析方法。Vensim 可以对模型进行结构分析和数据集分析。其中，结构分析包括原因树分析（逐层列举作用于指定变量的变量）、结果树分析（逐层列举该变量对于其他变量的作用）和反馈环列表分析。数据集分析包括变量随时间变化的数据值及曲线图分析。

（4）真实性检查。对于所研究的系统和模型中的一些重要变量，可以依据常识和一些基本原则，预先提出对其正确性的基本要求。设定假设是受真实性约束的，将这些假设加到建好的模型中，专门模拟现有模型在运行时对于这些约束的遵守情况或违反情况，判断模型的合理性与真实性，从而调整结构或参数。

2. Vensim 软件的仿真程序

一般地，应用 Vensim 软件进行仿真程序遵循如图 6-6 所示的流程。

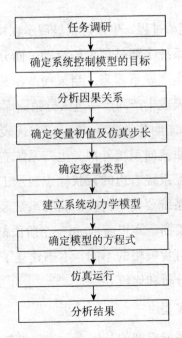

图 6-6 Vensim 软件仿真程序流程

6.3.2 简单生产—分配系统模型构建

本节主要讨论钢铁企业采购流程中的订货系统模型，在供应链中链节之间的关系可以用订货关系来表示。用系统动力学模型把企业基于分销商订单的需求关系描述出来，然后进行订货策略研究。首先，给出一个简单生产—分配系统模型，如图6-7所示。

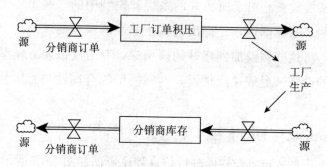

图6-7 简单生产—分配系统模型

图6-7中有两个流动过程，生产过程被展示在模型的上部，分配系统展示在模型的下部。生产系统主要是订单的流动，而分配系统主要是物质的流动，两个过程通过工厂生产联系起来。当某些产品被生产后，其订单就从工厂订单积压中除去，转换成生产的产品进入分销商库存。

图6-7中的云状标志叫作源（Source），它代表的是系统外的物质进入系统内部或系统内的物质流向系统外部。生产系统右边的云状标志表示订单进入单证处理中心，分配系统右边的云状标志表示工厂生产已经开始。该模型实际上比大多数真实系统要简单得多。真实系统经常包括多级生产、多级分配阶段（分配商、批发商、零售商），每一个阶段都有商品库存。

根据分销商向工厂订货策略的不同，本书建立了一个有代表性的订货模型，对企业的流程进行分析和比较。

1. 企业订货系统模型

在简单生产—分配系统模型的基础上，通过增加一些信息流动建立企业订货系统模型,如图 6-8 所示。模型中增加了辅助变量,包括平均销售水平、测试输入、期望生产值。也增加了辅助常量,包括平均销售时间、目标生产延迟、生产调节时间。对于变量"平均销售时间""测试输入"和"生产调节时间",由于它们在一段时间内的变化是预先明确规定的,所以称为外生变量。分销中的直接用户按零售商来处理。

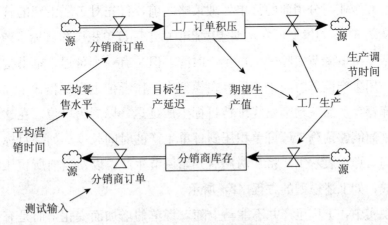

图 6-8 企业订货系统模型

2. 以分销商销售为基础订货系统模型的 Vensim 方程

Vensim 方程的具体内容如下:

(1) 平均分销水平=Smooth(分销商销售,平均销售时间)。

(2) 期望生产值=工厂订单积压/目标生产延迟。

(3) 工厂订单积压=Integ(分销商总订单—工厂生产,190)。

(4) 工厂生产=Smooth(期望生产值,生产调节时间)。

(5) Final time=50。

(6) Initial time=0。

(7) 分销商库存=Integ(工厂生产—分销商销售,275)。

(8) 分销商销售=测试输入。

(9) 分销商订单=平均订单水平。

(10) Saveper=Time step。

(11) 目标生产延迟=2。

（12）测试输入＝100＋step（20，10）。

（13）Time step＝0.25。

（14）生产调节时间＝4。

（15）平均销售时间＝1。

3. 工厂生产

在研究企业与分销商的订单处理策略之前，首先对工厂生产的管理进行分析。从图 6-8 的模型可知，期望生产值由工厂订单积压和目标生产延迟决定。期望生产值调节实际的工厂生产时间，但是有一个延迟。本书把延迟设为常量，用生产调节时间来表示。在模型中，作者把生产过程作了简化：工厂没有库存，产品流动中始终维持目标生产延迟，以周为单位。在这个假设下，分销商能够预测工厂订单积压到订单生产的时间长度。如果目标生产延迟是两周，那么表示工厂将在两周后开始调节生产，以便当前所积压的订单能够完成，如上述模型的方程（2）所示。

在现实中，工厂生产并不能马上随着订单的增加而变化，而是有一个延迟，这主要是用于改变人员、设备等。在复杂的模型中，需要对这些因素进行详细而周密的考虑。工厂实际调节生产的速度，主要取决于当前的情况。所以，延迟不会一直等于固定的生产调节时间，在此把它当成一个指数过程。本节用一个平均时间"生产调节时间"来表示从工厂期望生产值到实际工厂生产的延迟。在系统动力学仿真软件 Vensim 中，这种外生延迟功能被定义为信息延迟函数（Smooth）。需要指出的是，现实生产中所采用的一些完善生产过程的手段是提高供应链管理水平的一个重要方面，比如设计准时制生产方式用于完成产品生产等。为了研究方便，本章假定生产过程不变，不进行任何改进。

4. 销售订单处理

如果分销商直接向工厂订货，而且分销商的销售配送是已知的模型的一个外生变量，那么分销商最简单的订购过程是直接订购所售出的产品。但是，大多数分销商不可能每售出一件产品，就会马上进行订购，订购量受分销商的市场预估等因素影响。在钢铁企业里，订单经汇总后还会考虑未来的销售趋势，尤其是最近的销售情况、根据一段时间内的平均销售情况进行修正。因此把握销售量与订单、库存之间的预测值和实际值的变化与趋势对企业业务决策是必要的。

模型中所指的平均过程，在 Vensim 中都称为指数信息延迟函数。由模型中的方程（1）可知，平均销售水平是通过平均销售时间内的指数一阶信息延迟函数计算出来的，平均销售时间为一周。对于工厂生产，也是采取指数一阶信息延迟函数的方式进行计算。需要说明的是，Vensim 方程中的指数平均过程和指数延迟过程是相同的。但是，在概念上，两者还是有所差别。就延迟来说，是指事件经过多长时间后发生。而平均则是指变量在过去一段时间的均值。

5. 测试输入

典型的企业销售水平一般都是在销售平均值附近上下变动，其间一些季节性的变化和总体发展趋势可能逐年上升。这样，就需要完成一个复杂的测试输入函数来描述真实的销售水平。为了完成模型所需要决定的分销商销售水平，作者采用了阶跃函数来描述分销商销售水平。阶跃函数 Step（P，Q）表示输入从某个水平常量开始，一段时间内保持不变。其中：P 为阶跃幅度；Q 为 Step 从零值阶跃变化到 P 值的时间。在特定时段，突然变为另一个水平常量，并在余下的时段内维持不变。

阶跃函数 Step（P，Q）用方程表示为：

$$\text{Step}(P，Q) = \begin{cases} O，& \text{时间} < Q \\ P，& \text{时间} \leqslant Q \end{cases}$$

根据模型中的方程（12）可知，前 10 周每周的测试输入值 100。10 周过后变为 120，并一直保持到仿真周期结束。虽然实际销售中，很少出现这样的情形。但本书采用阶跃函数作为测试输入函数（主要和模型的目的有关）。构造模型的主要目的在于研究分销商不同的订货策略对生产—分配系统的影响，提高和改进生产—分配系统。虽然现实中有许多种不同的分销商销售情形，但采用特定情形简化处理，能更好地研究生产—分配系统的特征。显然，阶跃函数是一种理想的测试输入函数。结果表明，得出的生产—分配系统的特征与采用阶跃函数得出的结果非常相似。

在系统工程中，经常采用阶跃函数来测试线性系统的特征。而系统动力学一般是研究非线性系统，用阶跃函数输入来测试系统响应明显好于利用一个变量输入（董新宇，李华哲，2001）。系统对阶跃函数的输入响应，也能很好地反映出系统对于变量输入函数的响应。

6. Vensim 方程

在 Vensim 方程中，方程（3）设定工厂接受订单的初始总值为 190 单元/周（简称 190/周，以下同），方程（7）设定分销商的初始库存值为 275。方程（11）设定目标生产延迟为 2 周，那么期望生产值就是 190/2＝95/周。只要工厂订单积压没有变化，那么工厂生产将等于期望生产值，即 95/周。方程（12）设定测试输入初始值为 95/周。由方程（8）可知，分销商销售的初始值也需要输入。分销商销售的初始数据采集为就是 110/周，这预示着近期的可能订单。由方程（9）可知，平均订单水平就是分销商向工厂的订购量经平均生产、运输等环节的调节时间而得。依据最新的数据输入，系统将周而复始地循环。像上面所描述的那样，系统中的变量在一段时间内保持稳定，则说明系统处于平衡状态。通过检验模型中的库存，可以判断模型是否处于稳定状态。在平衡状态，库存的流入量等于流出量，库存量在一段时间内不变。如果模型不是从平衡状态开始，即使检测输入值没有变化，系统变量也将改变。比如工厂订单积压超过 200，即使分销商的销售仍然保持 100/周的水平，整个生产—分配系统的水平还是会下降。因为工厂订单积压超过 200，那么工厂生产将超出 100/周，这也就是分销商的订购速率，从而会导致工厂订单积压的流出量将超过流入量。研究分销商销售的改变对于生产—分配系统的冲击，必须从系统的稳定状态开始，追求优化的生产经营状态，以确保利润和目标市场的实现。方程（5）、方程（6）表明模型以一年为周期。

6.3.3　企业订货系统模型仿真结果

以湘潭钢铁集团公司 2013 年生产的线材、棒材、厚板等几大类产品作为分析对象，为分析方便，本书分析 2 类产品，以其实际数据为基础进行仿真分析。主要产品为常用的建筑用钢 6mm 线材和 25mm 螺纹钢，如表 6‑3、表 6‑4 所示，采用 Vensim 系统，依据流图，通过 Equation editor 输入方程和参数，进行模拟仿真分析。结果如图 6‑9（a）、（b）、（c）所示。

表 6‑3	2013 年 6mm 线材产销量			
	一季度	二季度	三季度	四季度
预测销量（万吨）	16.7	26.7	21.5	25.6
实际订单（万吨）	16.5	26.1	21.2	26.1
实际产量（万吨）	16.8	26.3	21.3	25.9

表 6‑4	2013 年 25mm 螺纹钢产销量			
	一季度	二季度	三季度	四季度
预测销量（万吨）	16.9	31.9	21.9	27.7
实际订单（万吨）	16.7	32.3	21.8	27.2
实际产量（万吨）	16.2	31.4	22.3	28.6

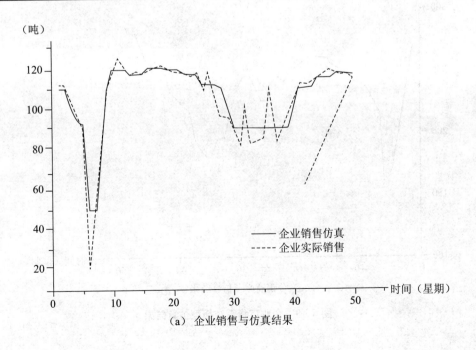

（a）企业销售与仿真结果

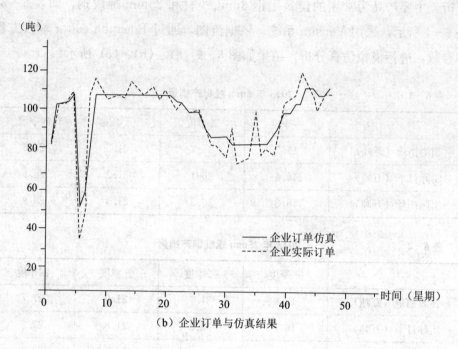

（b）企业订单与仿真结果

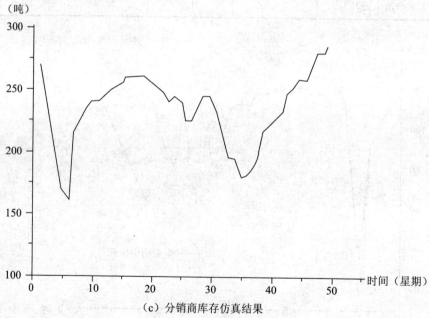

（c）分销商库存仿真结果

图 6-9　企业订货系统模型仿真结果

6.3.4　企业订货系统模型仿真分析

从仿真结果图 6-9（a）、（b）、（c）可以看出，节前销量由 110/周逐渐下降；即期订单在年初保持较低水平，节后需交付订单增加较快。7 月、8 月和 9 月受宏观调控的影响，整体销售和订单保持在较低水平，分销商库存先增加，然后下降，在存量消化后，第 37 周时较低水平。销售的变化在 1~2 星期后能反映到订单的变化上。10 月以后，销量和订单再次攀升，受预期影响，订单的增加有时大于即期销售的增加。由图可见，无论是实际销售还是订单，都是处于振荡状态，采用仿真控制后，实际的销售和总订单经系统处理，运转出了能较好满足生产系统、企业利润目标和顾客需求的较为稳定的仿真订单以控制企业流程，不断输入的最新数据以及销售仿真和库存仿真等数据不断地被平衡处理，使系统内部振荡减少。当然振荡完全消失是不可能的，需要针对振荡情形，尤其是分销商库存的变化，做出一些决策。比如"工厂生产下滑并处于低水平稳定时，是否需要解雇工人？怎样消除工厂不规则的利润？使其平稳？"等。分销商销量上升会使库存降低、储存成本减少、利润增加。特定情况下，分销商销量可能会持续上升，这样平均销售水平将总是小于当前的分销商销量，订购的产品也不可能完全补充卖出的产品，最终分销商的库存将所剩无几。减少平均销售时间可以缓解这种情况，但不能从根本上解决。即使每售出一种产品就马上订购，由于工厂生产等原因也会有滞后，而准确的仿真预测有助于克服这些问题。

表 6-3 和表 6-4 是最常用的建筑用钢 6 mm 线材和 25 mm 螺纹钢的产销量。由表中可见，运用软件结合对投资环境及宏观政策变量等参数的计算，预测量与实际的订单数量非常接近。通过数据的不断的循环处理，可以作为满足决策的参考。

通过仿真预测，决策层和生产计划管理部门可以根据即期销售情况制订流畅的生产计划，避免生产环节的波动，同时结合对物流流程其他参数的调节，使物流流程在效益和效率上达到一种最佳的状态。

6.4　销售流程中分销系统动力学模型

6.4.1　分销系统动力学模型的 Vensim 方程

（1）新增生产能力延迟＝6。

（2）配送率＝销售人员×平均销售率。

（3）生产能力＝Integ（新增生产能力，初始生产能力）。

（4）新增生产能力＝Delay fixed（需要增加的生产能力，新增生产能力延迟，0）。

（5）预备增加的生产能力＝Integ（需要增加的生产能力－新增生产能力，0）。

（6）增加的订单数量＝20。

（7）订单生产信号＝If then else＜前置期＞设定的前置期：And：预备增加的生产能力＝0，1，0）。

（8）可利用的生产能力系数＝可利用生产能力 Look up（平滑前置期）。

（9）可利用生产能力 Look up（［（0，0）－（10，10）］，（0，0），（1，0.63），（2，0.15），（3，0.83），（4，0.9），（5，0.945），（6，0.99），（7，0.99），（8，0.99），（9，0.99），（10，0.99））。

（10）期望销售人员＝用于销售部分的收益/销售人员增加费用。

（11）Final time＝ 72Units：Month。

（12）用于销售部分的收益系数＝0.4。

（13）雇用和解雇延迟＝3。

（14）雇用和解雇＝（期望销售人员－销售人员）/雇用和解雇延迟。

（15）初始生产能力＝20。

（16）初始销售人员＝4。

（17）Initial time ＝0 Units：Month。

（18）前置期＝订单积压/配送率。

（19）设定的前置期＝5.5。

（20）订单积压＝Integ（＋订货率－配送率，5×初始销售人员）。

（21）需要增加的生产能力＝订单生产信号×增加的订单数量/Time STEP。

（22）预测的前置期＝Smooth（前置期，预测延迟）。

（23）预测延迟＝2。

（24）收益＝单位商品销售收益×配送率。

（25）用于销售部分的收益＝用于销售部分的收益系数<收益。

（26）单位商品销售收益＝15。

（27）销售人员＝Integ［（雇用和解雇），初始销售人员］。

（28）销售人员增加费用＝25。

（29）平均销售率＝5－0.25X（预测的前置期－2）。

（30）Saveper＝Time Step。

（31）配送率＝可利用的生产能力。

（32）平滑前置期＝Smooth（前置期，更新延迟，1.4）。

（33）Time Step＝0.25。

（34）更新延迟＝1。

（35）可利用的生产能力＝生产能力×可利用的生产能力系数。

在企业经营管理时，对销售物流流程的分销控制往往有助于对市场变动的科学预测、对企业生产能力的调控，以及对销售前置期、配送率等要素的掌控，从而充分实现企业既有能力。

上述的模型及运行结果表明基于系统动力学的钢铁企业物流管理系统能有效地提高企业的物流管理效率。系统动力学模型采用的反馈环路全面地考虑到了业务流程各环节，将系统策略、系统状态和系统信息一体化地纳入到模型的构建中，强调信息反馈及反馈环路的结构关系、时间延迟、信息放大对系统行为（因果逻辑行为）的影响，满足信息变化的可预测性和逻辑性是系统动力学模型高效运行的关键之一。绝大多数的钢铁企业的产品是消费偏好较小的生产资料，因而钢铁企业物流管理的外部环节面临的市场变动受政策和重大投资需求的影响很大，市场的明确需求和销售的因果关系是很明显的，这种信息反馈是较易把握的；钢铁企业都是较大规模的企业，这样大型企业的营运需要提高企业的各个环节及协同运作的物流质量以实现管理系统的高效率和高效益；另外，钢铁企业的生产特点等都表明基于系统动力学的模型可实现对钢铁企业物流流程的整体动态掌控，实践也证明了这一点。

6.4.2　分销系统动力学模型构建

建立的分销系统动力学模型包括三个部分，左上角是销售部分，销售人员的调节主要依赖于收益，有一个固定的用于销售部分的收益系数来设定期望销售人员。销售部分通过模型中部的配送率来连接生产部分，配送率受销售人员的制约。反过来，配送率又影响收益，最终影响销售人员。分销系统动力学模型如图 6-10 所示。

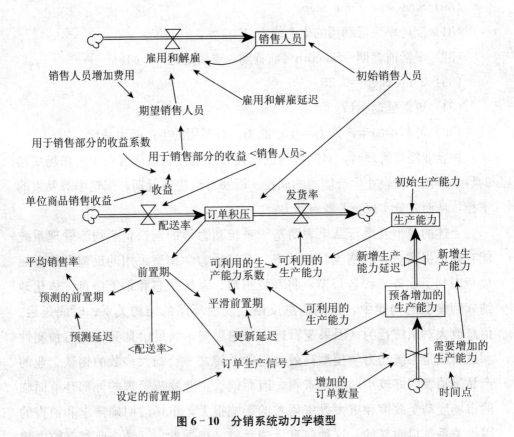

图 6-10　分销系统动力学模型

134

前置期就是从客户下达订单到最终收到货物的整个时间跨度。订单的流动受销售人员和顾客预测前置期的影响，模型方程（2）和方程（9）说明了预测前置期是怎样影响配送率的。从方程可以看出，预测前置期的值越大，对应销售人员的平均销售率就会减小，在销售人员一定的情况下，配送率也会变小。

可利用的生产能力也受前置期的制约，前置期越长，可利用的生产能力系数越大，方程（8）、方程（9）和方程（32）说明了它们之间的关系。方程32 中，有一个延迟和前置期的改变相一致。方程（9）说明了延迟的平滑前置期和可利用的生产能力系数之间的关系。如图 6 - 11 所示，横轴表示输入延迟的平滑前置期，纵轴表示对应输出的可利用的生产能力期望。

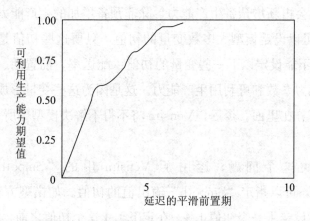

图 6 - 11　延迟的平滑前置期和可利用的生产能力系数之间的关系

模型的第三个部分是生产能力部分，如图 6 - 10 的右下角。越来越大的前置期会产生订单生产信号，如方程（7）所示。当订单生产信号等于（1）时，就需要增加新的生产能力；当订单生产信号等于 0 时，则说明原有的生产能力够用。在模型中，生产能力的增加是通过设定一个常量"增加的订单数量"来实现的，在新增生产能力过程中还会有一个延迟，延迟时间也是一个常量"新增生产能力延迟"。新增生产能力因情形不同而差异较大，有可能是建设工厂或是采购原材料、雇用人员等。

从方程（21）可以得出，模型中新增的生产能力是一个固定增加值。在解释方程（21）之前，需先了解一下欧拉积分过程。在欧拉积分过程中，对于模型仿真时间步长间隔内每一个变量新值的计算，总是先假定每一个变量在一定的时间步长间隔内的值不变。以库存为例,先要计算库存流入和流出的净值,然后乘以时间间隔,再把结果加到当前的库存值。也就是说,在一定时间间隔内库存的流入和流出净值是一个常量。这样,积分值可以用一个矩形的面积来表示,它是长(时间间隔内库存的流入和流出净值)乘以宽(时间间隔)的积。值得一提的是,使用这种积分过程,可能会引起一些振荡。比如,某个时间间隔内出现库存的流入值突然增大。欧拉积分在模型方程(21)中用来计算需要增加的生产能力。需要注意的是,如果 Vensim 软件中没有使用欧拉积分,而是使用龙格库塔积分方法,那么利用方程(21)得出的仿真结果将是不正确的。方程(7)中预备增加的生产能力如果是正值,那么就不会再新增预备生产能力,除非预备增加的生产能力已经实现。

Vensim 可以设定模型大多数变量的初值,只要这些初值是服务于库存。但是 Vensim 不能设定以下一些变量的初值:配送率、前置期、平滑前置期、可利用生产能力系数和可利用生产能力。这是因为这些变量形成了一个闭环,不包含库存部分在里面。今后,Vensim 将不得不解决模型中所有方程的初始值的设定问题。

为了解决这个问题,运用了 Vensim 中的"Smooth"功能。在"Smooth"中,可以指定"Smooth"输出值的初值。如模型方程(32)中的平滑前置期就设定了一个初值1.4。在定下1.4这个初值之前,测试了很多其他的数字,测试标准是:开始仿真后,在包括配送率、前置期、平滑前置期、可利用生产能力系数和可利用生产能力的闭环中,各变量的值没有出现突然的跳跃。这也说明平滑前置期的初值,与闭环中所有其他变量的初值是相一致的(尤安军、庄玉良,2004)。否则的话,模型一运行,其他变量立刻会出现很大的波动。

6.4.3 模型仿真结果分析

1. 分销变化特点

图6-11的仿真结果图形是从销售或者市场的方面得出的。从图6-12(a)、(b)可以看出,收益和配送率都呈振荡式的增长趋势。图形覆盖了6年(即72个

月）的时间范围，每一个增长和下降阶段都至少有好几个月的时间。很明显，从图可以轻易得出将来一段时间的趋势。但事实上，这样一个长期情形对销售人员来说并不是很明显的，很少有人能在上升阶段判断出下一次下降趋势开始的时间。另外，由于产品实际销售的随机性，需要人们花很长一段时间才能察觉下降趋势实际已经开始。

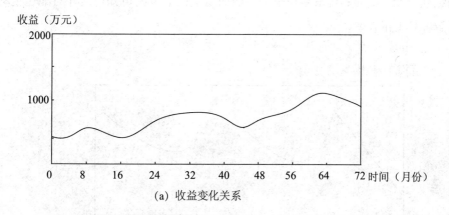

（a）收益变化关系

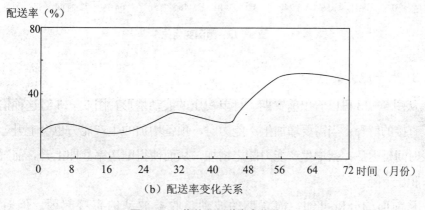

（b）配送率变化关系

图 6-12 收益和配送率变化关系

2. 配送变动的根本原因

预测变化关系如图 6-13 所示，从图中可以看出，平均销售率的变化和预测前置期完全相反，因而，前置期可以对销售行为产生影响。在实践中，利用前置期来分析销售趋势并不可取，因为现实中前置期的变化并不是十分明显。现实情形是，大多数的销售人员不可能理解前置期会影响他们产品的服务和销售。即使某些销售人员能够理解前置期的影响，他们的经理可能也未必会理解。如果这些经理刚好在销售趋势上升阶段因业绩突出被提拔，他们就会很难理解为什么现在的销售人员卖不出他们的产品或服务。这样就会导致当前的销售人员被解雇，新的销售人员被雇用。事实上，由于时间延迟的影响，新雇用的销售人员正好赶上销售趋势从下降阶段变为上升阶段，产品和服务的销售业绩又开始上升，从而证明经理对配送变动的理解是正确的。然而从上面的分析可知，这样对配送变动进行解释是不正确的。

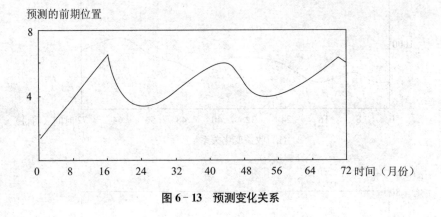

图 6-13　预测变化关系

3. 生产能力的增加

从图 6-13 可以看出前置期、订单积压的波动情形，图 6-13 对这种情形给出了直接的解释：当需要增加生产能力时，预备增加的生产能力也会上升，经过一段时间延迟后，新增生产能力随之增加，从而使得配送率立即上升，前置期和订单积压下降。

从前面的分析可知，前置期的波动是收益波动的直接起因。但对于生产管理来说，这种变动还不算明显。他们预备增加的生产能力和现实的波动还没有关联，因此他们期望前置期的波动，这样会给他们预备增加的生产能力带来机会（Rchie Lock Amy，Wilbur Smith，1997）。销售人员经常抱怨前置期的波动，根本原因在于他们没有真正理解生产的真实性。前置期、订单积压与收益变化关系如图 6-14 所示。

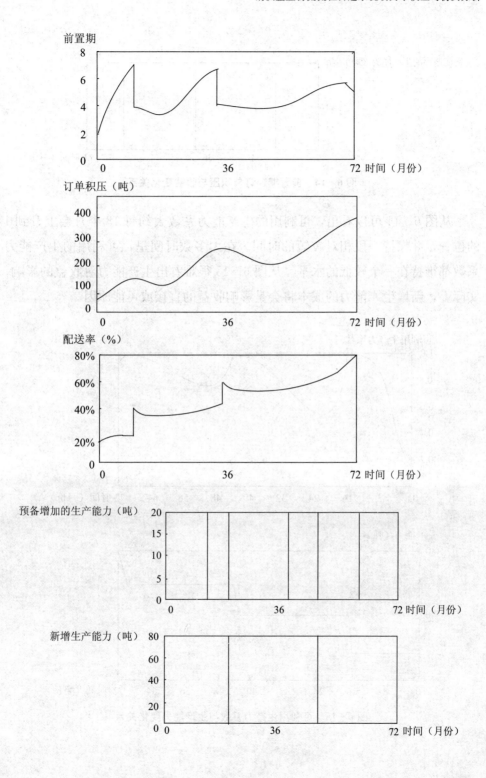

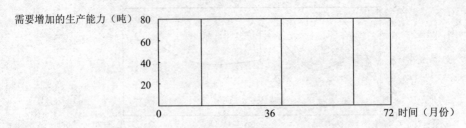

图 6 - 14　前置期、订单积压与收益变化关系

从图 6 - 14 可以看出，可利用的生产能力系数大约每 18 个月会上升到 1 的位置，并保持一段相对较短的时间。在大多数时间里，可利用的生产能力系数都维持在一个较低的水平。从图 6 - 15 很难看出生产能力对收益的影响。实际上，新增生产能力的成本将会是影响收益的直接或可能原因。

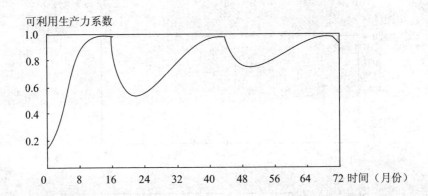

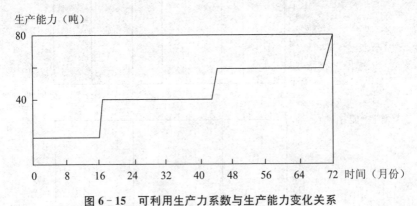

图 6 - 15　可利用生产力系数与生产能力变化关系

6.4.4　模型参数的敏感性分析

从模型的构建可以看出，模型没有考虑仿真周期内销售人员的效率变化和外在因素的影响，而销售部门的配送率仍然出现下降，那么，可以肯定这种下降是由于商业系统的内在因素所引起，而不是外在因素和销售人员的不称职所致，这就说明通过改进企业系统的内在运行策略可以使系统得到优化。下面通过参数敏感性分析来做进一步的说明。

（1）前面已经讨论过当分销部门的配送率出现下降时，通过解雇当前不称职的销售人员而雇用新的销售人员来提高配送率的情形。接下来所要做的工作就是分析当分销部门的配送率出现下降时，采取增加销售人员的措施对配送率的影响。

在前面建立的分销系统动力学模型的基础上，把用于销售部分的收益系数从0.4提高到0.5，通过模型仿真运行，可以得到收益、前置期和可利用生产能力系数的仿真结果，如图6-16（a）、（b）、（c）所示。

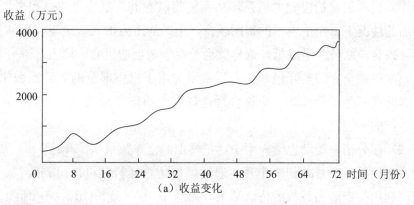

（a）收益变化

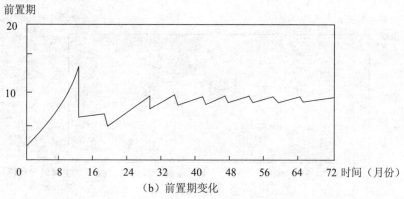

（b）前置期变化

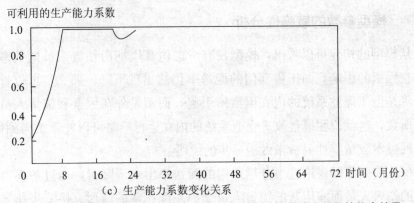

（c）生产能力系数变化关系

图 6-16　收益系数变化后，收益、前置期和可利用生产能力系数的仿真结果

从以上仿真结果可以看出，当用于销售部分的收益系数从 0.4 提高到 0.5 后，收益和订购率都有了显著的提高，增长速度也明显加快，而且极少出现下降的情形。但是前置期变大了，可利用生产能力系数也变得平坦，基本维持在 0.95～0.99 的水平。实际上，由于用于销售部分的收益系数增大，雇用的销售人员增加，销售能力增强，从而使得收益和配送率增加。另外，在销售增加的情况下，用于生产的费用减少，生产的压力加大，使得前置期变大，直接导致客户服务水平降低，这样就会给竞争者创造机会，抢占一部分市场。所以，在钢铁企业的实际经营中，盲目增加用于销售部分的收益系数来提高收益和配送率是不合理的。应该合理选择用于销售部分的收益系数，保持销售和生产的平衡。

（2）在分销系统动力学模型中，把增加的订单数量从 20 减到 10，新增生产能力延迟从 6 个月减到 3 个月，通过模型仿真运行，可以得到收益、前置期和可利用生产能力系数的仿真结果，如图 6-17（a）、（b）、（c）所示。

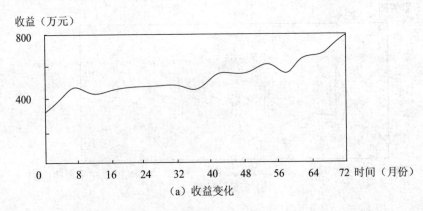

（a）收益变化

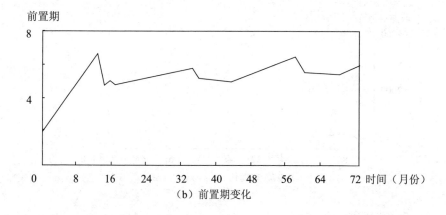

（b）前置期变化

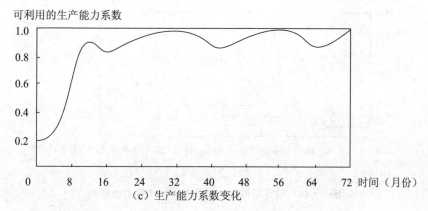

（c）生产能力系数变化

**图 6‑17 订单数量、生产能力延迟时间变化后，收益、
前置期和可利用生产能力系数的仿真结果**

从理论上来说，这种分销策略似乎是合理的。因为新增生产能力的数量减小，使得新增生产能力延迟减小，这样对前置期的反应能力也将得到增强，图 6‑18（a）、（b）的模型仿真的结果说明，前置期的变化率确实减小，前置期的平均值仍基本维持在原有水平（因为新增生产能力的平均值不变），但收益却减小了。这是由于对应的这种分销策略有一个不利的方面。一般情况下，大规模生产方式比小规模生产方式是更有效率的，而模型中新增生产能力的数量减小，就相当于新增生产规模减小，这样对应的生产成本增加，导致收益下降。

（3）在分销系统动力学模型中，把设定前置期的值从 5.5 个月减到 3.85 个月（减少 30%），2.25 个月（减少 60%）。考虑减小设定前置期的值，在前置期恶化之前增加生产能力对收益的影响。

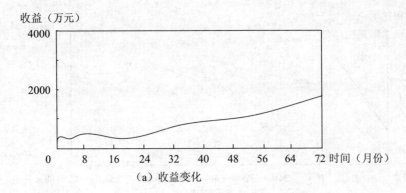

（a）收益变化

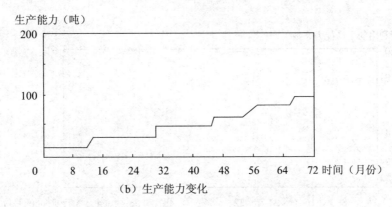

（b）生产能力变化

图6-18 前置期的变化对收益、生产能力的影响

从图6-18的模型仿真的结果来看，随着设定前置期的减小，收益是稳步提高的，但生产能力也增加了。这就说明并不是设定前置期越小越好，因为在某一个设定前置期上，新增生产能力的费用会比销售所获得收益还要大，这对企业来说明显是不可取的，企业需要从实际出发，选择适合自身的设定前置期的值。

7 钢铁企业物流流程再造集成化模式技术及方案

7.1 物流流程再造集成化模式研究的背景

1. 湘潭钢铁集团公司概况

湖南湘潭钢铁（集团）有限公司（简称"湘钢"）始建于1958年，隶属于全国十大钢铁企业之一的湖南华菱钢铁集团有限责任公司，是国内大型钢铁联合企业和线材、金属制品重要生产企业之一。

湘钢属长流程型企业，主生产系统从原材料（矿石）至铁水、从铁水至钢坯从钢坯至钢材为流程型生产。目前生产的产品大部分是长线产品，市场已趋于饱和。针对这一情况，湘钢提出的指导思想是：以市场需求为导向，以扩大品种、提高质量、降低成本为重点，以提高经营效益为目的，立足现有基础，抓住发展机遇，盘活资产存量，努力挖潜增效，加快科技进步，坚定不移地实施品种、质量、效益战略和低成本、低能耗、集约经营、做精做强、持续发展的战略。走深化改革、强化管理、优化结构、低投入、快产出、高效益的滚动发展之路，集中人财物力加快精品项目建设。但湘钢缺乏稳定的原材料供应基地，主要通过国内其他省市和国外购入，进价高，货源和品质不稳定，在同行业的竞争之中，整体实力不如国内的几大钢厂。

近年来，湘钢根据市场的需求，走自己特色的道路，大胆改革管理模式，把企业的分割式物流流程管理转变为集成化物流流程管理，一方面对企业内部组织机构和物流流程进行新的构建，采用了新的订货和分销管理模式并在新的模式中辅以高仿真功能的软件运用；另一方面把客户需求和企业内部的制造活动以及供应商的制造资源结合在一起，基于先进的冶金规范和品质技术推进体系，结合不断进步的冶金及相关技术，全面深入地进行钢铁企业物流流程再造。

（1）积极深化企业改革改制，建立现代企业制度体系，建立面向物流流程的扁平化组织机构和面向电子商务，以信息流、资金流、物流集中动态管理为特征的管理体系。在该管理模式中，信息流、资金流、物流被整合以提高企业效率和效益。

（2）扩大延伸企业内部网，由集团职能部门、分厂向车间进行千兆光纤网络覆盖，为集团内部各要素信息的安全、通畅、快速传递提供通信基础和保证。

（3）将先进冶金指标输入控制系统，用于指挥各个岗位的即时操作，现场信息即时反馈，通过数据分析，及时调控和调度生产流程，实现全系统的现场控制。使现场改进、技术革新等成果不断转换成新的物流数据以赋予生产系统新的活力。由于冶金技术、设备改良、工艺革新是个不断推进的过程，将各子系统各环节相关的日常性进步以先进标准的形式纳入物流控制系统是企业获得竞争优势的关键之一。

（4）集成辅助决策支持系统，采集、挖掘和管理企业内外各系统的相关信息，进行统计分析为企业决策提供各种信息和报表，辅助领导决策。Vensim 软件在企业决策中得到初步运用。

2. 适应钢铁行业经营环境的新特点

钢铁行业是"大规模连续生产，要经过多道工序，相互之间必须协同操作的产业"，其产品只是其他产业的原材料，发展受上下游各行业发展程度的制约很大。这种生产周期长、物流成本高、市场风险不定的特点，使得追求钢铁物流管理虽然空间大，但难度也大。怎样合理整合企业的内部资源实现物流和信息流统一是提高钢铁企业利润的关键所在。美国美钢联、德国蒂森、韩国浦项、中国台湾中钢及我国内地宝钢、武钢等企业的实践证明：钢铁企业信息化要获得显著效益，要提高台阶水平，就必须打通这条关键路径。

近十年来，钢铁企业面临的市场竞争环境发生了巨大的改变，客户对钢材的品种、规格（如宽度、厚度、镀层和机械性能指标等）需求越来越多样化，客户需求多品种、小批量的特点。在这种局面下，钢铁企业对用户需求预测越来越困难，为了减少库存，节约成本，最有效的运作策略是将以预测为主轴的推式系统改为以订单为主轴的拉式系统，企业将以预测性为主的生产模式转变为订单为主的生产模式，同时由过去大批量生产方式改变为多品种、小批量生产方式。在这种生产模式下，企业只有实现物流、资金流、信息流的高度集成才能不断持续发展。

ERP是从传统制造业发展起来的，比如飞机制造业、汽车制造业、大规模集成行业，钢铁行业的生产流程与这些领域差别很大，根据这些企业的特点来实施产业的信息化管理系统，难以做到生产计划与生产过程的有效衔接，难以实时监控生产过程，达到快速准确调度指挥的目的。生产过程的控制管理成为钢铁企业生产效率的瓶颈。

3. 提高经营管理的决策效率

在管理过程中，常常面临各种艰难的决策；而市场波动频繁，契机一瞬即逝，企业经营管理者不能快速进行决策，即使最终可以得出正确的决定，也可能坐失良机。所以在激烈的市场竞争中，经营管理决策不仅要保证正确性，也要有一定的时效性。

显然，企业的经营决策者如果要快速准确地做出决策，除了需要掌握大量的基础数据外，还需要保证这些基础数据的真实性与时效性，在此基础上进行分析和判断才可能做出正确的决断。

为了提高湘钢的经营管理决策效率，湘钢销售人员需要及时掌握湘钢当前销售订单情况、生产线的生产状况、企业近期生产计划、企业产能现状等各种数据，以便对复杂的市场波动和特殊化的客户需求，也能快速地作出合理决策。

集成化物流流程再造模式就是在这样一个时代背景下立项开发的。其目的就是为钢铁企业提供一个以钢铁行业的冶金规范为基础，以物流流程管理为核心的集成化整体解决方案，使钢铁企业实现物流、资金流、信息流的集成。同时，企业希望通过它的兼容性、通用性、集成性和永久性（指：当企业根据市场变化需要调整商业运作模式时，只需要扩大或替换应用功能，而不需要将系统推倒重来），能根据自己的实际需求快速搭建具有各自应用特点的集成化模式。

4. 集成化物流模式在钢铁行业中的作用

21世纪的制造企业面临着日益激烈的国际竞争，想要赢得市场、赢得用户就必须前面提高企业的管理水平。许多企业通过实施制造资源计划（MRPⅡ）/企业资源计划（ERP）来加强管理，然而上层生产计划管理受市场影响越来越大，明显感到计划跟不上变化。面对客户对交货期的苛刻要求，面对更多产品的改型，订单的不断调整，企业决策者认识到，计划的制订要依赖于市场和实际的作业执行状态。同时 MRPⅡ/ERP 软件主要是针对资源计划，是一个管理系统，与执行系统之间缺乏联系的桥梁。而传统生产现场管理只是黑箱作业，这已无法满足今天复杂多变的竞争需求。因此如何将黑箱作业透明化，找出任何影响产品品质和成本的问题，提高计划的实时性和灵活性，同时又能改善生产线流程的运行效率已成为每个企业所关心的问题。

集成化物流系统恰好能填补这一空白。集成化物流系统是处于计划层和车间层操作控制系统（SFC）之间的执行层，主要负责生产管理和调度执行。它通过控制包括物料、设备、人员、流程指令和设施在内的所有工厂资源来提高制造竞争力，提供了一种系统地在统一平台上集成诸如质量控制、文档管理等功能的方式。从而实现企业实时化的 ERP/生产信息化管理（MES）/SFC。MES 是美国管理界 20 世纪 90 年代提出的新概念。美国先进制造研究机构 AMR（Advanced Manufacturing Research）通过对大量企业的调查发现现有的企业生产管理系统普遍由以 ERP/MRPII 为代表的企业管理软件，以 SCADA（Supervisory Control and Data Acquistion）、HMI（Human Machine Inteface）为代表的生产过程监控软件和以实现操作过程自动化，支持企业全面集成的 MES 软件群组成。根据调查结果，AMR 于 1992 年提出的三层（计划层、执行层、控制层）的企业集成模式。由于 MES 强调控制和协调，使现代控制业信息系统不仅有很好的计划系统，而且有能使计划落实到实处的执行系统。因此短短几年间 MES 在国外的企业中迅速推广开来，并给企业带来了巨大的经济效益。企业认识到只有将数据信息从产品级（基础自动化级）取出，穿过操作控制级，送达管理级，通过连续信息流来实现企业信息全集成才能使企业在日益激烈的竞争中立于不败之地。

作为一个要适合中国特色的集成化系统模式,它吸取了国外同类产品的现代企业管理理念、先进的开发技术、方法和体系结构,并结合我国绝大多数的钢铁型企业特点而开发出来的。由于它是以互联网技术为基础,并具有跨平台性、灵活的组件拼装性、企业信息资源高度集成性等性能,使得该集成化系统很快应用于湘潭钢铁公司。

7.2　物流流程再造集成化模式设计原则

企业物流流程再造的功效往往需要许多环节和要素的协同革新和共同推进来实现。物流流程再造集成系统应在企业组织机构变革、订货和销售模式的更新、信息系统功能的延伸的基础上实现,对影响企业物流质量的所有关键要素实现掌控和管理。对于国内的大部分钢铁企业,进行物流流程改造前,将先进的冶金规范和基础的现代物流统筹起来是非常重要的。系统的设计应贯彻这一原则。

1. 基于冶金规范的全程质量跟踪管理

建立代码化的冶金规范体系,实现冶金质量规范在生产销售环节中的传递,实现全程工序与质量管理,具体体现在以下环节。

(1) 销售订单。销售人员根据客户需求对应到技术质量中的产品规范,与客户签订合同。

(2) 销售需求计划。按冶金规范、物料根据订单归并原则形成销售需求计划。

(3) 主生产计划。按冶金规范、物料根据销售需求计划以及生产规则形成主生产计划。

(4) 物料需求计划。根据主生产计划形成物料需求计划,钢坯需对应到相应的冶金规范。

(5) 工单。通过工单实现将"客户需求"转化为"生产指令"代码化的冶金规范化随工单下达到相应的作业中的岗位。

（6）生产过程。生产过程通过工单接收，将冶金规范下达到生产岗位，指导和规范生产岗位人员操作，并将工艺、工序结果信息反馈给技术质量规范管理子系统，同时结合冶金规范实现对工序流程跟踪与调度。

（7）质量管理。结合冶金规范实现对钢、产成品的质量检验、质量判定并提供对比、分析功能。

（8）库存管理。实现钢坯、产成品库存按冶金规范物料（品种、规格）进行管理。

（9）销售发运管理。结合销售订单客户的需求按对应的冶金规范进行发货，实现产销一体化，以客户为中心的管理模型。

（10）标准化管理。在代码化的冶金规范体系中，标准化管理不再是个简单的标准制定部门，已向督促、协同和汇总方面延伸，起到信息化环节和企业各部门的联结功能，冶金工艺和业务流程的改进在以信息化为基础的集成化管理体制下必须不断地转换为标准代码进入物流管理系统。

2. 基于动态的冶金规范体系的控制条件

钢铁企业全程动态的质量跟踪和管理必须以冶金规范体系为基本条件。国家相继对各类钢铁产品以及生产钢铁产品的原燃料制订了规范标准。但标准能否实现，受制于设备、技术和员工的技能与敬业精神等；目前我国国家标准与世界先进钢铁企业所执行的冶金标准仍存在一定的差距。企业的具体特点以及湘钢目前的状况决定了流程再造系统中执行的冶金规范标准是动态的。作为一个学习型企业，不断地提高业务水平，尤其是要不断提高企业的冶金规范标准程度，一个先进钢铁企业应当最终实现企业的冶金规范标准水平高于国标标准水平。

为了适应企业冶金标准的动态性，在集成化系统设计时，要充分考虑到系统的可扩展性、可重用性和标准组件与标准接口原则。管理系统的冶金数据库中生产工艺路线、生产工艺控制要点及参数一定要细化至每个工序，只有这样在物流流程再造系统中才能直接反馈和控制，使其有宏观的可控性与现场的可操作性。

7.3　物流流程再造集成化物流模式的总体目标及建设原则

7.3.1　物流系统研究开发建设的总体目标

湘潭钢铁公司的集成化物流系统模式是以钢铁行业的冶金规范为基础，以物流流程管理为核心的集成化的整体解决方案。使钢铁企业实现物流，资金流、信息流等高度集成的统一管理。

集成化整体解决方案分为三个层次，第一，帮助钢铁企业实现生产控制管理，解决生产计划与生产过程中的脱节问题——这一问题长期以来不仅直接影响企业的生产效率，而且成为制约现代企业内部信息集成和企业之间供应链优化的瓶颈。第二，实现生产、供应、销售物流一体化，运用物流管理技术，从客户订单开始，到采购、生产、仓储、运输等物流领域的所有业务或大部分业务流程链接起来，提供一体化全程式管理或全程一站式服务。第三，实现物流、资金流、信息流等高度集成的统一管理，使钢铁企业不断优化物流流程。

1. 实现生产物流流程控制管理

生产物流流程控制的重点为炼钢及轧钢工序，其功能是按照用户订单编排和协调，由炼钢、连铸、轧制组成的工艺路线。系统通过管理工序的规程和作业标准，对用户订单做出质量设计并计算新需要的材料并提出申请，依此确定铁水需求量和必要的铁水预处理计划；编制冶炼计划、浇铸计划、轧制计划、精整计划，根据这些计划发出相应的制造命令和取样检化验命令。系统还收集各工序的生产实绩、收集中间产品库及成品库的库存实际状况；完成炼钢及精钢的成分判定，浇注、轧制质量判定；根据生产情况和质量判定 ERP 发来的直接指令是否符合实际，对作业计划做出动态调整。为了保证制造的正常运行，MES 还对在线运转的工艺设备进行监控，向过程控制系统（PCS）收集生产实绩和检验化验结果。它接受订单信息并反馈订单执行状态。总之，目标是使企业实现对生产计划以及生产过程的料、工、费信息进行有效的跟踪，准确及时反映，加强对各部门资产管理的力度，实现对资产的动态跟踪管理。

2. 实现生产流程与销售流程一体化管理

实现从订货合同到生产计划、制造作业计划、制造作业指令，直到产品入库出厂发运的信息化管理，从而使生产流程与销售流程连成一个整体，计划调度和生产流程控制有机衔接。即使不改变工艺技术和设备也能缩短交货期、提高准时交货率，显著加速生产营销流程。以客户为导向，满足客户个性化需求，实现特殊产品冶金规范的快速制定，实现客户合同—冶金规范—客户订单—生产工单—发货台账的关联，实现客户订单状态的全程跟踪。

3. 实现三流集成化管理——物流、资金流、信息流等高度集成统一管理

（1）全程质量管理。

建立以冶金规范为基础的全程质量监督管理系统，实现产品在供、产、销各环节中的质量信息传递时的动态追踪检查，更好地实现在产品冶金规范体系下的高质量保证的产品物流管理。

（2）成本预测和控制管理。

以采购和销售订单为管理单元进行成本预算和结算管理，达到降低采购、生产、销售成本的目的；及时反映客户的应收账款，消除了账面应收与实际应收的差异，有效配合销售订单的信用风险管理。

（3）库存订单化管理。

通过对半成品、成品入库单与工单、质检单、订单、合同、客户的关联，达到订单库位管理，实现发货挑库的目的；规范库存管理，增加库存管理的透明度，降低库存成本。

（4）业务和财务一体化管理。

有效配合采购、销售业务流程，大幅度提高财务处理的效率和准确率，加快结账速度，满足日常财务管理和会计核算需求。

7.3.2 集成化系统设计原则

1. 系统总体设计原则

根据当前计算机领域的最新技术水平和发展趋势，集成化系统应在设计上充分考虑到企业今后的迅速发展而带来的系统的扩充性和与其他系统的兼容性，以及市场经济变化的适应能力。"想得要大，起步要小，扩张要快"这是全球对于企业信息系统工程建设的一个共识性原则。

为此，我们根据系统建设的目标并按照以下原则进行设计和开发。

（1）新经济时代管理模式原则。

在系统设计时，既要看到我国企业的当前状况，又要想到长远，对系统进行合理的、全面的功能设计，尽量考虑系统的今后发展，为系统的扩充留有充分的接口，尽量延长系统的生命周期。在技术上立足于长远发展，坚持选用开放性系统。搭建先进的体系结构和技术发展的主流产品，保证整个系统持续、高效运行。

（2）采用中间件开发企业集成管理平台原则。

在基于 J2EE（JAVA EE，企业级应用程序版本）平台的中间件上开发企业集成管理平台，达到如下目的。

①可靠性：提供一个坚固的系统运行环境，具有强大的故障恢复能力、系统重新启动和恢复能力、数据可靠传输能力等。

②可扩张性：提供动态部署能力，涉及交易方式、应用程序配置、对象服务嵌入等。

③可管理性：系统要实现有效的管理，管理内容包括应用服务器、操作系统进程和线程、数据库连接，以及网路会话等。

④数据一致性：交易完整性保障。

⑤应用安全性：包括最终用户身份认证、节点连接的安全认证、应用程序的安全认证、管理界面的访问权限控制、数据加密/解密功能、安全事件报警等。

⑥通用接口标准：提高统一的 API（Application Programming Interface，应用程序编程接口），对对象的属性、类别、关系等建立通用标准，不同厂商的 ERP 应用能互操作，达到服务对象即插即用，应用互操作的目的。

⑦处理操作（Processes）的透明性：实现系统的服务对象的操作接口与对象实体分离；对同一个服务对象的不同操作，实现处理操作的透明性。

⑧工作流（Workflow）与服务对象的静态绑定：工作流指一个业务操作从开始到结束整个过程。由于企业业务流程的变化，ERP 系统不得不重新对服务对象进行编译，其中大量工作是重复劳动，增加了 ERP 系统实施的难度。

⑨基于消息的应用集成机构（Message - based application）：ERP 系统在面对企业应用集成（Enterprise Application Intergration，EAI）需求时，中间件可以在服务对象之间的消息传递、远程进程按需启动管理、数据可靠传输和异步通信机制方面，为 ERP 系统提供基础服务设施。

⑩服务对象管理（Object management）：服务对象状态管理、分布对象处理管理等，也是中间件可以发挥作用的地方。

（3）集成性原则。

产销资讯系统涉及不同种类的数据库系统、各种复杂的应用系统、不同类型的数据，为了保证系统能够协同性工作、保证系统数据能够畅通无阻，必须坚持系统集成原则：采用 XML（eXtensible Markup Language，可扩展标记语言）作为数据交换的标准，引进 Web MVC（模型、视图、控制器）控制和 XML/XSL（可扩展样式表语言）引擎机制，提供三级体系结构中数据交换、连接、传递、处理的数据标准接口。

（4）扩展性、可兼容性原则。

采用面向对象和中间件开发技术，建立系统开发的基本软件构件库和接口中间件库，以便于今后系统的扩展，不浪费现有投资，实现系统平稳升级。同时系统需提供友好的用户界面，方便用户使用和掌握。

（5）安全可靠性、快速准确性原则。

采用各种容错技术和强有力的安全防范措施。遵循有关信息安全标准，采取切实可行的安全和保密措施，加强计算机犯罪和病毒的防范能力，确保数据永久安全。提供多方式、多层次、多渠道的安全保密措施，防止各种形式与途径的非法侵入和保密信息的泄露，保证系统中数据的绝对安全。

（6）可管理性、易维护性原则。

选择合理的软件体系结构和网络结构，提供功能强大而灵活的产销资讯系统和软件系统管理工具，使系统易于管理、易于维护、易于今后的扩充和升级。

（7）网络通信能力原则。

在网络设计时，考虑使用功能强的计算机、先进的网络设备和通信技术，采用实时和非实时网络传输方式，提高网络通信能力，以满足企业的实时通信能力。

（8）操作简便、友好的用户界面设计原则。

用户对应用软件的认识和使用是从界面开始的，因此应用软件界面的设计好坏，直接关系到软件使用的方便性、友好性和易操作性。一个好的用户界面设计能帮助使用者更好地理解自己所做的工作，能减少工作疲劳，提高工作效率。

用户界面应该适应不同水平的人员操作使用，让操作者能在较短的时间内熟悉和掌握各种功能的使用方法，使他们能轻松、高效地进行工作。

为使应用软件使用方便、操作简单、界面友好、查询简便快捷、易于学习并掌握，我们在用户界面设计中将遵循以下原则：

①统一及一致性原则：在统一的用户界面风格前提下，实现各 GUI（图形用户界面）中各类按钮、图标、文字（文体、大小）、热键（快捷键）的统一和一致，以便在常用的菜单和工具之间快速切换，达到便于使用、便于学习、交互有好的目的。

②人机工程及标准化原则：在保证界面风格统一、一致的基础上，按照人机工程原理，遵循微软（Microsoft）的界面设计标准，将界面的布局（包括按钮、菜单、显示框等）设计成符合操作者习惯的形式，并在界面颜色的搭配上满足操作者长时间工作要求，提供一个人性化的人机操作环境，以保证用户使用的舒适性。

③业务引导及易用性原则：充分考虑业务的管理需求，在界面的菜单及

功能的组合设计中，将界面的操作顺序按业务归类，以便对具体操作进行有效引导，保证软件的易用性。同时，在各功能名称的用词、信息提示文字等方面，使用企业业务规范化、习惯化的词汇和名词，以保证软件使用者的习惯性，符合现有医疗保险管理模式，有利于操作者在较快的时间熟练用好软件。

④友好及方便性原则：无处不在的在线帮助；鼠标、键盘的灵活输入方式；热键的使用，以保证各种业务数据信息的录入界面，更新维护界面和记录增删界面及业务部门（单位）内部信息查询界面和信息统计报表界面等的使用方便性、友好性，确保各种业务信息数据都能通过用户界面方便、快捷、准确地录入。

2. 接口设计原则

（1）内部接口设计原则。

内部数据接口着重于数据反应的及时性。主要包括：

①数据传递的快捷性。内部接口要求数据快速传递，对于企业系统而言，尤其要考虑大流量数据传递的及时性。大流量数据如何及时传递应作为内部接口设计优先考虑的问题。

②接口数据的相对独立性。内部接口数据在设计时一般是不独立的，即接受方与提供方共享一张接口表。在企业系统中，由于考虑到数据实时变更，应该尽可能避免双方同时操作接口表的情况。

③接口数据的备份。内部接口由于数据存在实时变化，因此需要考虑数据的时效性，对于重要接口数据要求数据接受方定时进行数据备份工作。

④接口数据读取的小批量原则。考虑数据传递的时效性，内部接口数据的读取范围应尽可能缩小，数据库表结构设计时应保证数据接受方尽可能采用关键索引一次性读取尽可能少的数据。

（2）外部接口设计原则。

外部数据接口着重于数据的一致性和完整性，主要包括：

①中间数据源。由于外部数据源种类繁多（可能是对象数据库、关系数据库、分布式数据库、数据图表、文本等），因此必须建立一个中间数据源。此数据源实际上是指双方建立的数据接口表，数据在经过检测、分解、重新

组合后出/入库。在设计中，严禁外来数据未经过数据接口表进入数据库。

②数据格式要求统一。对于中间数据源格式必须统一，必须考虑双方数据源对于某些常量的定义是否存在差异，例如对于空值（NULL）的理解与处理是否存在较大差异。如果接口表格式未能有效转换，应考虑建立标准格式文本或其他格式文本。

③数据延时的影响。由于外部数据提供存在时间上的延时问题，对于企业系统的数据稳定性造成很大影响，对实时性的要求造成极大的冲击。因此，接口的设计中必须要求数据提供方同时提供资料建立、修改的准确时间和资料提供的时间。

④数据接受反馈。外部数据的提供与接受，必须提供是否正确收到等反馈信息，以确保数据传输的正确性与及时性。一般情况下，仅提供读取标识表明数据已接受，对于某些时效性要求很强的控制信息类数据，可以考虑在接口中增加数据接受时间一项。

⑤数据检测与预处理。数据进入接口表前与进入接口表后，必须针对以下项目进行检测，提交日期检查。

⑥数据格式检查。出现问题直接退回数据提交方处理。

⑦不合要求的重复记录的过滤。重要数据应退回到数据提交方处理。

⑧空值检测。不满足空值检测的重要数据退回到数据提交方处理。

⑨数据合理性抽测。出现问题应多次抽测，重要数据批量错误应退回到数据提交方处理。

⑩接口的扩展与扩充。考虑需求可能的变更情况，系统设计中预留接口的扩充余地。

7.4 物流流程再造集成化模式的总体方案

7.4.1 湘钢集成化模式总体结构

湘钢物流流程再造集成化系统模型如图 7-1 所示。

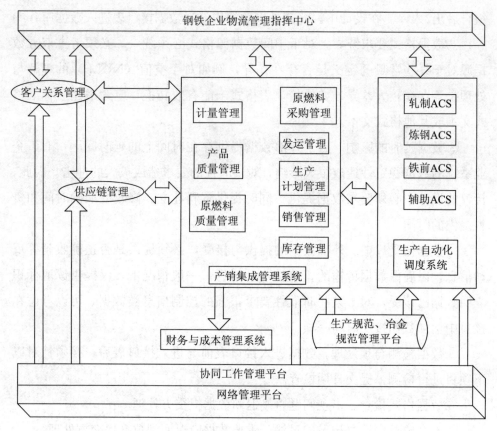

图 7-1　湘钢物流流程再造集成化系统模型

从图 7-1 中可以看到集成化系统与生产自动化调度系统、客户关系管理、供应商管理都是在共同的核心平台——协同工作管理平台环境下统一运行的。为整个系统的信息流、资金流、物流、业务流、工作流的整合和集成提供基础。还可以看到，集成化系统与生产自动化调度系统都是统一运行在产品规范、冶金规范数据库管理平台上的。为建立基于产品规范、冶金规范的销售订单的跟踪执行创造了先决条件。

集成化系统与生产自动化调度系统之间建立了接口标准，保证生产自动化调度系统的生产制造执行实时信息能及时反馈到集成化系统和管理指挥中心，以便及时调整计划、产生正确的决策与指挥。

通过统一的协同工作平台，集成化系统与客户关系管理、供应商管理共享客户、供应商、企业资源，达到客户、供应商、企业三方资源共享、共同赢利的目的。

钢铁企业的决策者们通过物流指挥中心全面实时了解企业的物流信息，及时决策、调度与指挥。

7.4.2 集成化模式安全体系结构

在企业应用中，有一个很重要的也是很实际的问题，那就是系统安全性问题，为此，集成化的安全体系将有网络系统层、数据访问层、信息交换层、应用系统安全层四层级的不同功能组件构成，这些不同层次的安全管理功能由企业集成管理平台的系统监控管理统一管理和监控。各层次的安全监控与管理功能层次模型如图 7-2 所示。

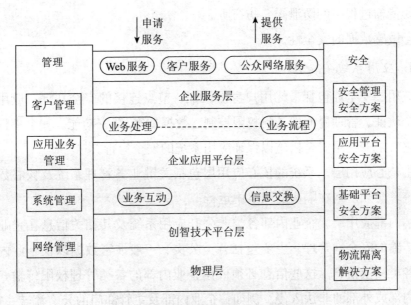

图 7-2　安全监控与管理功能层次模型

1. 网络系统层安全

①能支持多种操作系统，如服务器操作系统、桌面操作系统、核心应用操作系统。

②核心应用的安全操作系统主要通过增强的身份标识与验证、细化的自主访问控制、特权用户职业划分、强制访问控制、审计跟踪以及安全管理等措施对安全的支持。

2. 数据访问层安全

①包括对数据资源、数据访问、传输以及提取等的安全性。

②能根据不同的安全级别（身份）设定不同的访问权限，并能对身份进行识别；能根据不同的安全基本规定不同的操作权限。

③能对各种操作进行安全日志记载，并追溯历史记录。

3. 信息交换层安全

①信息（消息）传输的安全性。

②传输过程中的数据加密。

③传输过程中的防泄露、防窃听。

④敏感数据的安全性。

4. 应用系统安全层

应用层安全性包括最终用户身份认证、节点连接的安全认证、应用程序的安全认证、管理界面的访问权限控制、数据加密/解密功能、安全事件报警等。它将采取三层安全措施以保证应用系统的安全运行。

①核心应用层。系统的核心应用层包括关键业务管理系统及核心数据应用系统，必须严格在隔离的网络中运行。

②内部应用层。企业内部各类非公开应用系统及其相关信息在企业内部网上传输的安全性管理。主要包括各类公文、一般涉密数据以及企业内部之间的各类交换信息。这些信息必须依据企业内部的各类管理权限传输，防止来自内部或外部的非法入侵。例如：企业内部及主管部门的公文流转、审核、处理系统；企业内部的各类业务管理系统；企业内部的各类事物管理系统等。

③信息服务发布层。与互联网连通，面向社会提供的商务交易、客户服务及信息发布等方面的信息交互的安全性管理，包括各类公开信息和一般的、非敏感的社会服务。例如：基于企业内部网的信息发布及查询；面向供应商、客户、相关企业的商务信息的交互、收集和统计；面向全社会的各类计划、

项目的申报、申请；各类公共服务性业务的信息发布和实施（如工商管理、税务管理、保险管理等）。

7.5　物流流程再造集成化模式的主要性能和用途

集成化模式是在 J2EE 平台上采用了全新的开发技术和方法，吸取了国内外同类产品的先进体系结构，适应企业在 3C（Change—改变、Challenge—挑战、Chance—机遇）环境下的产品和市场转型、业务流程转型、行业转型的需求而研发出来的新一代企业信息化产品。

7.5.1　集成化模式的主要性能

1. 先进的流程式管理模型

集成化系统是一个以 MES、ERP/MRPII、供应链管理（SCM）、客户关系管理（CRM）、决策支持系统（DSS）、电子商务（E－Business）等先进管理模型理念构建的钢铁企业产销管理系统。它采用了信息流、工作流、业务流一体化的流程管理模式，实现了企业内部的物资流、资金流、信息流、增值流和工作流的集成。

2. 系统重组的灵活性

集成化系统采用了中间件技术、面向对象技术、构建技术，能够根据企业的实际运行需求划分模块，重新组合集成。因此，系统具有可分（一个个独立的功能组件）、可合（一个个可运行的业务流程）、可大（大型集团）、可小（小型企业）、可上（第三阶段）、可下（第一阶段）、可卸（撤换过时/多余组件）、可插（插入/替换新的功能组件）等灵活善变的性能。

3. 采用全新的开发模式

（1）基于中间件的开发模式。实现真正的多层体系机构，实现了对系统软件的非依赖性，工程可以同时在多种操作系统和数据库管理系统的环境中运行。

（2）基于 XML 的开发模式。把业务设计和界面设计分开，严格地将业务逻辑层分装，实现了平台的非依赖性。

（3）基于数据版模的开发模式。彻底从烦琐的界面开发中解放出来。

（4）提供大量的通用开发工具与技术。为企业应用开发提供大量的基础功能，将为企业信息化建设大大节省开发成本，缩短企业应用系统的开发周期，提高了系统软件的产品质量。

4. 广泛的适应性

采用完整的参数技术，使模块和系统参数分离，通过重新设置系统参数就能适用新环境，使系统具有广泛的适应能力。

5. 优良的安全性

工程系统从应用层、信息交换层、数据访问层、网络系统层4个不同层次进行安全性设计，确保系统安全稳定地运行。对敏感性数据的安全、数据库管理员的系统安全性控制、权限管理等方面采取了许多措施，有效地防止非法用户的入侵，使操作者无法越权操作。

7.5.2 集成化系统的主要用途

1. 实现基于冶金规范的全程质量跟踪管理

全程质量跟踪管理模型如图7-3所示。

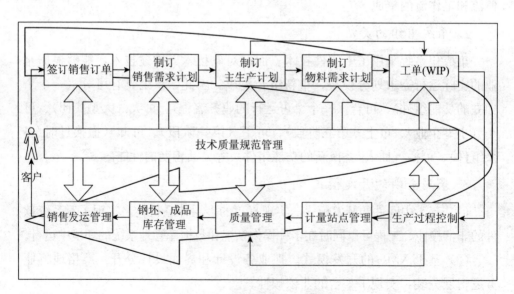

图7-3 全程质量跟踪管理模型

建立代码化的冶金规范体系，实现冶金质量规范在产销环节中的传递，实现全程质量管理，具体体现在以下环节。

（1）销售订单。销售人员根据客户需求对应到技术质量规范中的产品规范，同客户签订合同。

（2）销售需求计划。按冶金规范、物料根据订单归并原则形成销售需求计划。

（3）主生产计划。按冶金规范、物料根据销售需求计划以及生产规则形成主生产计划。

（4）物料需求计划。根据主生产计划形成物料需求计划，钢坯需对应到相应的冶金规范。

（5）工单。通过工单实现将"客户需求"转化为"生产指令"，代码化的冶金规范随工单下达至相应的作业岗位。

（6）生产过程。生产过程通过工单接受，将冶金规范下达到生产岗位，指导和规范生产岗位人员操作，并将工艺、工序结果信息反馈给技术质量规范管理系统。同时结合冶金规范实现对工序流程跟踪与调度。

（7）质量管理。结合冶金规范实现对钢、产成品的质量检验、质量判定并提供对比、分析功能。

（8）库存管理。实现钢坯、产成品库存按冶金规范及物料（品种、规格）进行管理。

（9）销售发运管理。销售发运结合销售订单客户的需求按对应的冶金规范进行发货。

2. 实现产供销一体化，以客户为中心的管理思想

以客户为中心的管理模型如图7-4所示。

以客户为中心的管理思想，通过监理产品、冶金规范体系得到具体的体现。

为支撑企业大规模生产向大规模定制生产的转变，实现从"客户语言"转换成"生产语言"这一过程。其关系如图7-5所示。

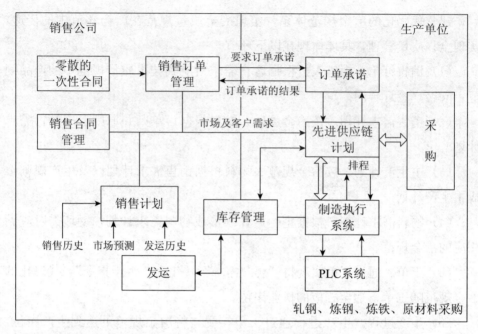

图7-4　以客户为中心的管理模型

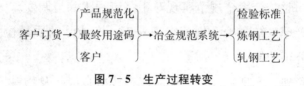

图7-5　生产过程转变

通过工艺参数的制定以及中文描述实现了按客户要求，即"标准＋a"来组织生产，对产线进行优化，实现质量效益最大化，做到了质量设计和材料设计的高度整合。

3. 实现物流的闭环管理和监控

（1）实现采购物流的闭环管理。

以客户为中心的采购闭环管理模型如图7-6所示。

采购物流主要包括订单管理、计量预报管理、计量站点管理、质量管理、实时库存管理、原燃料结算管理以及实际库存管理等流程节点。

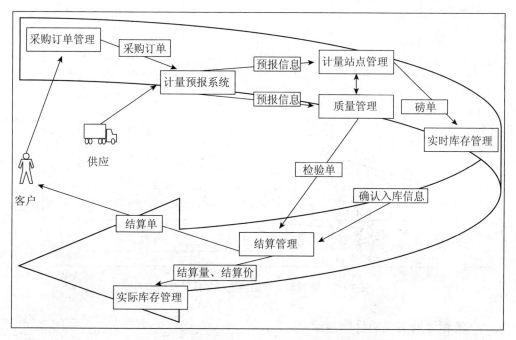

图 7-6 以客户为中心的采购闭环管理模型

流程计划实现的目标包括：

①通过采购订单与预报信息关联，实现计量数据的自动匹配。

②解决流程断点，加强流程节点的监控，减少管理漏洞。

③实现网上交料，对原燃料实时库存与结算后的实际库存分别进行管理。

④实现网上对质检过程的管理，加强质量监管力度。

⑤实现网上结算，加快原燃料的对内、对外结算速度。

⑥取消手工单据，实现检验单、磅单、结算单信息的网上传递。

⑦确保了采购物流的畅通，形成采购物流的关闭。

（2）实现基于冶金规范的生产、销售物流的闭环管理。

销售与生产物流流程集成管理模型如图 7-7 所示。

销售物流主要包括销售订单管理、销售需求计划管理、主生产计划管理、物料需求计划管理、工单管理、生产过程管理、计量站点管理、质量管理、库存管理以及销售发运管理等流程节点。

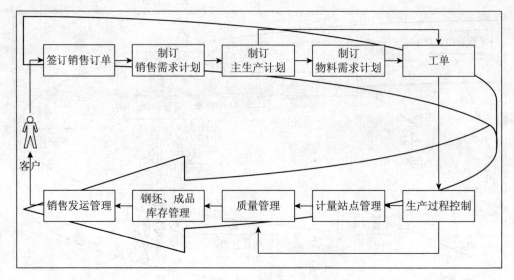

图 7-7　销售与生产物流流程集成管理模型

流程计划实现的目标包括：

①实现生产计划（工单）与订单、客户需求的关联，基本实现订单状态的跟踪。

②解决流程断点，加强流程节点的监控，减少管理漏洞。

③加强企业物流的管理与监控，取消手工单据的传递，提高运营效率、减少运营成本。

④加强产销衔接，满足客户个性化生产的需求，提高客户的满意度，增强企业竞争力。

⑤实现与 ERP 系统高度紧密地集成，为其高效、稳定运行提供强有力的支撑。

⑥实现与生产过程控制系统高度紧密地集成，使生产指令能够下达贯穿整个生产过程。

⑦确保了销售物流的畅通，形成销售物流的关闭。

（3）提供兼承原有信息系统的数据转化平台。

回顾我国企业信息化建设发展历史，已经有 20 年了，取得了阶段性的成功。但是由于种种原因，绝大多数企业都只建立了各自的孤立的功能信息系统，即所谓的信息孤岛。在企业信息化的进程中，肯定是要消除这些信息孤岛壁垒。

如何消除这些壁垒？一般有三种情况：

①有些孤岛功能比较齐全，操作人员也已经习惯了，希望继续利用。

②有些孤岛功能/性能均不理想，但企业经济能力有限不能马上消除，希望利用其数据。

③推倒重来，重新整体设计，这当然是最好的一种方法。

集成化系统提供了标准的数据转化接口，采取了多种方式的规范的数据接口定义和数据转换。这对于中国的绝大多数企业，尤其是针对中小型企业而言，是深受欢迎的。它们十分希望在花费不多的情况下，也能够享受到从信息化建设的初级阶段跳跃到信息化建设高级阶段才有的高度信息共享程度。这也为中国企业的信息化建设提供了一条经济实惠的简单通道。

7.6　物流流程再造集成化模式实现的关键技术

7.6.1　建立基于中间件技术的多层体系结构

从集成化模式企业应用层的管理范围看，它是一个十分庞大而又负责的应用系统。它包括生产管理、生产调度管理、销售管理、质量管理、冶金规范数据管理等功能。但从产销资讯系统体系结构上看，不管系统的应用管理功能如何复杂，它们均由业务模型、数据模型、对象模型、处理模块、管理模块、工作流模块、通信模块和安全模块等组合而成。因此，无论是模块之间的互通、互操作，还是应用构件的搭建与跨环境（网络、数据库等）的部署和管理，都需要基础环境层的支撑，其中的数据支撑之一就是中间件。

中间件的目的就是为用户提供运行与开发环境，帮助用户灵活、高效地开发和集成复杂的应用软件。因此，只有引入中间件技术，监理适应企业信息化建设需要的专用开发与运行平台产销资讯系统，才能扭转目前以项目为主的定制开发方法，快速生产出创智信息公司拥有主权的具有可重用性、灵活性、可管理性、易维护性的企业信息化产品。

随着用户业务需求的增长及 Internet/Intranet 的普及，以三层或四层体系结构逐步取代了 C/S 二层体系结构。三层结构就是把用户端的业务逻辑独立出来，并与数据库服务器的存储过程合并在一起，构成应用层，以提高计算能力，实现灵活性。在这种结构中用户端仅仅采用具有交互功能的浏览器，形成瘦终端的工作方式，为此，中间又增加一层，称为 Web（万维网）服务器层，形成了四层体系结构，这类多层结构的分布系统，各服务器和终端机之间都是通过互联网连接在一起的，并有大量信息和数据进行传递。

中间件多层体系结构，如图 7-8 所示。

图 7-8　中间件多层体系结构

中间件是处于操作系统和应用程序之间的软件，人们在使用中间件时，往往是将一组中间件集成在一起，构成一个开发和运行平台。这些软件可以位于同一台计算机中，也可以部署在网络节点的任意位置。基于分布模型的软件系统具有均衡运行系统负载、共享网络资源的技术优势，使设计者能够集中精力进行应用软件设计，大大简化了设计和维护工作。

7.6.2　集成化系统的构建模式

1. 采用 J2EE 技术建立核心空间层

第二代中间件产品的主要特点就是完全遵循了 J2EE 开发标准，集成了所有 J2EE 的功能，产销资讯系统平台开发完全采用了 J2EE 技术，构架了产销资讯系统平台的核心控件层，称为产销资讯系统平台的工作骨架，主要体现在如下几个方面。

（1）实现机制。完全遵循 J2EE 开发标准，提供 J2EE 服务容器，集成了所有 J2EE 的功能，所以开发和维护都在同一个服务器中，不需进行系统之间的切换，也不需额外购买其他产品。实现也很简单。

（2）开放性。具有广泛的支持性。由于甲骨文公司的数据库管理系统（Oracle）在 XA 分布式数据库事务方面走在其他供应商之前，所以第二代产品对 Oracle 的支持性非常好。

（3）Web 及电子商务。第二代产品本身就是一个 Web Server（网页服务器），不存在与 Web 的集成问题。

（4）开发语言。第二代更注重面向对象，中间层采用 Java，不需要考虑跨平台。

（5）客户端与通信协议。支持移动设备无线应用协议（WAP），浏览器或其他工具—超文本传输协议（HTTP），等。

（6）中间件无关性。第二代产品完全遵循 J2EE，在其上开发的程序也是按照 J2EE 的标准来实现。

（7）易用性。第二代产品的易用性得到很大提高，基于 Web 界面的管理平台使得管理非常简单。

2. 基于 Web Server 的开发构架体系

Web Server 的技术构架具有诸多特点。使用 Web Server 根本不需要互联网应用程序中的图形化用户界面，不用设计各种复杂的网页，开发者只需将他们的请求直接发送给在平台后端运行的程序就可以得到想要的数据。面对这种平台内部信息的开放式访问，公司希望能找到隐藏在 Web Server 幕后的新型业务所带来的商机和对这些新型业务进行合法性验证的方法。

Web Server 技术构架可以让开发者无须通过特定的应用程序就可以直接访问系统的数据库，通过这种途径开发者可以创建自己的"前门"和使用其他的方式来获取诸多如数列表和查询结果等信息。平台可以使应用程序变成接口，从而来裁减所获取的信息，使之符合系统特定的需要。

集成化系统模式提供"Stack（栈）"系列技术规范，它们是一个整体的技术体系，包括"UDDI（通用描述、发现与集成服务）、SOAP（简单对象访问协议）、WSDL（网络服务描述语言）、XML"等，通过这些技术规范和技术体系的实践，我们在系统平台的基础上实现了系统业务功能组件的配置和发布，使得包括数据模板引擎、流程管理引擎等一系列的基础业务和包括物资管理、生产管理等在内的企业应用模板变得更加方便快捷，开发、实施也使得系统应用从真正意义上成为一个开发的、基于"N"层的、基于中间件的开发模式。

同时，集成化系统模式通过构建 Web Server 技术构架在业务整合、信息整合、应用系统集成、软件和数据重用、安全性管理等方面得到极大的加强，使得信息化建设效率得到很大的提升，资源得到有效利用。

3. 集成化模式的平台工作模型

集成化模式平台工作模型，如图 7 - 9 所示。

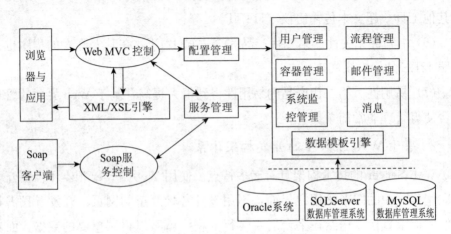

图 7 - 9 集成化模式平台工作模型

（1）以 XML 作为数据交换的标准：利用 XML 技术，建立了一个能够描述企业内部、企业之间、企业和上级部门之间的数据交换和业务处理流程的规范标准的数据模板引擎机制。

（2）建立了"三级定制设计、两种桌面应用"的集成平台工作模式：用户可以通过平台提供的各种组件，如用户管理、流程管理、配置管理等，方便地定制工作页面、时间表单、工作流程和业务流程；用户既可以采用浏览器工作方式，也可以采用 SOAP 客户端工作方式。

（3）模式提供的 Web MVC［模型（Model）、视图（View）、控制器（Controller）］控制和 XML/XSL 引擎机制，实现了三级体系结构中数据交换、连接、传递、处理等功能。它提供了三种方式：

第一种方式为 XML 文档根据 XSL 定义的显示格式显示其内容。

第二种方式为在服务端使用 XSL 级联样表转换 XML 文档为 HTML（超文本标记语言）格式，然后再把转换的文档传给浏览器客户端。

第三种方式为使用第三方的产品，再将 XML 文档放到服务端之前就将该文档转换成其他格式（一般为 HTML 格式）。然后服务端和客户端就和平常处理 HTML 一样来处理了。

由于采用了这三种不同的解决方法，就能处理目前 XML 文档可能产生的不同的解决方案。

（4）在数据交换和共享的层面上采用了基于 XML 的统一信息平台技术，建立了异构环境的数据交换及处理平台，提供了各种流行数据库系统到标准数据库系统的接口，减少了数据在处理过程中因标准不统一而引起的诸多问题。从而实现了不同企业应用系统的联合和互联。它覆盖了信息处理的整个流程（从数据采集、处理和传输，到信息管理、分析和共享），将多年来常见的管理信息系统延伸到数据分析与数据共享之中。

7.6.3　关键技术及解决方案

综上所述，集成化模式的研制与开发采用了基于 J2EE 平台的中间件开发技术，建立了全新的企业应用开发模式，使得该平台成为快速架构企业应用系统的奠基石，也使之成为一条加快企业信息化建设的速度、提高项目实施质量、降低项目成本的信息高速公路。它解决了如下几个关键技术。

1. 采用关联多层次的编码

钢铁冶金规范摘要设计主要考虑的是适应钢铁企业现在和未来的生产需要，从炼钢一直到产品的最终工序来进行设计。借助于冶金规范系统，只要销售部门能正确表达出用户指定的钢种用途，产销系统就能依据冶金规范摘要给出产品在生产中的生产工序，指导生产单位组织生产，快速提供满足用户要求的产品。我们设计的冶金规范数据管理平台是各种冶金规范资料的集合，主要由冶金规范摘要库和冶金规范资料库组成，它既是钢铁企业信息化项目的中枢神经系统，又是钢铁企业信息化项目中其他子系统的数据基础平台，它通过对各种冶金规范标准的分类组合，形成了符合行业特征、便于管理的冶金规范代码体系。它通过冶金规范标准的细分，并把与之密切相关的产品标准、原材料（采购技术标准）、工艺标准、检验标准、试验方法标准、测量计算和测试标准、包装标志、搬运贮存技术标准、定额技术标准、其他主要辅助性技术标准全部贯穿到生产经营全过程，使得生产过程标准化、透明化，产品质量管理延伸到生产岗位。

代码化的冶金规范体系主要指冶金规范资料库的结构及其存放的静态数据，冶金规范资料库主要由一系列表及其记录（静态数据）组成，这些数据库表结构将主要依赖于相关规则、属性和相关业务过程等。有关冶金规范记录（静态数据）的准备将涉及湘钢的生产、技术、销售、质检及其他相关部门的大力支持和配合，它是冶金规范系统基础数据建设的重点。代码化的冶金规范数据库应依据如下分类原则，并考虑互相之间的关联关系进行设计。

（1）冶金规范摘要库。

①工艺路线表。

②操作规则表。

③工序工艺控制参数表。

④在线取样要求表。

⑤产品规范资料库。

⑥产品标准叙说表。

（2）标准类型：国际标准、国家标准、行业标准、企业标准。

（3）标准序号：针对标准类型的标准编号。

（4）标准内容。

①产品牌号表。

②产品用途表。

③尺寸公差及包装表。

④成分含量及取样要求表。

⑤各类质量放行标准表。

⑥质保书内容规定表。

⑦其他要求表。

上述冶金规范数据是湘钢的技术机密，其数据维护工作应有严格的授权和管理机制。

2. 数据模板引擎，三级同步定制

(1) 数据模板引擎，三级同步定制设计的模型。

建立了数据模板引擎机制，实现了数据、业务、窗口页面三级同步定制的设计思想。三级同步定制设计的模型如图 7-10 所示。

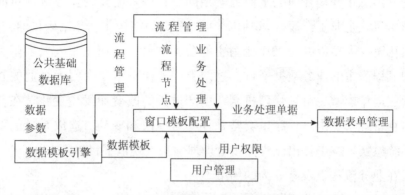

图 7-10 三级同步定制设计的模型

第一级流程节点定制：指定流程节点的位置、参数和授权，使流程管理、权限管理、数据模板定制的有效结合。

第二级窗口模板定制：实现窗口模板的操作以及数据模板调用；重用所有的客户端代码，实现客户端代码与业务无关，风格一致、维护简单。

第三级数据模板定制：指定数据源以及数据源各域之间的关系，可以进行复杂计算；按照各种数据对象处理不同的业务。

(2) 数据模板引擎、三级同步定制的设计方法的优越性。

为企业应用提供了窗口页面的定制开发、数据表单的模板定制、工作流或业务流的动态设定等功能，面向行业特定用户（例如钢铁）提供了系统定型表格用于裁定系统的功能。

由于在三级定制时采用了组件配置管理的协调机制，使得业务模块授权、业务处理数据授权、业务流程授权同步表现在同一窗口页面。同时也容易保持页面设计的一致性。

主要的优越性体现在：

①包括流程节点、节点权限、数据模板等信息只需要一次定制。

②集成化系统客户机可以解析成定制的数据结构。

③浏览器也可以解析成定制格式的数据结构。

3. 流程同步管理，系统集成关键

（1）流程同步管理概念。

企业信息化管理在向电子商务转型的过程中，流畅的业务流程扮演至关重要的角色。企业工作流（workflow）一般分为结构化和非结构化两类流程，非结构化流程大多以办公工作流为主的公文文件，结构化流程大多以企业业务处理流程为主的业务数据文件。这两类业务流程常常会因为企业的管理机制、商业运作模型、市场管理机制、生产过程的改变而发生变化。在传统的企业信息管理系统中，程序也会常常伴随着修改和变动，造成系统的不稳定甚至系统瘫痪。本书提出流程同步管理理念来实现以下目标：

①在业务流程上没有人为的约束。

②使动态的流程能适应变化。

③改变业务流程不用改变程序代码，以减低维护成本，获得系统的稳定运行。

④既能处理传统 OA（办公自动化）系统的办公公文，又能处理业务数据文件。

⑤满足企业信息化转型的需求。

（2）实现技术。

为此，集成化系统集成管理模式提出了以 J2EE 平台的中间件开发技术设计流程同步管理功能，用户可以根据管理需要，灵活地运用两类流程的处理功能，达到真正协同办公目的。同时也将企业的办公信息资源和各业务应用处理信息资源集成在一起，成为解决集成化系统内部信息资源集成的关键技术。

（3）实现流程优化。

①使整个流水线流程优化。

②将企业管理的持续改进直接构造到流程定义中。

③使流程很快适应商业变化。

4. 建立快速决策管理机制

建立以决策类型、决策流程、决策方法、决策模型、决策结果表现形式的统一管理框架结构，并提供快速建模工具和模型维护管理体系。统一管理框架结构如图 7-11 所示。

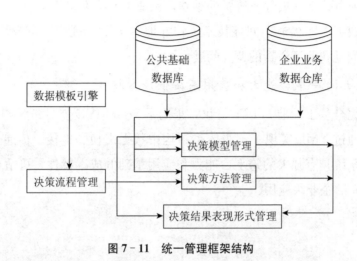

图 7-11　统一管理框架结构

5. 一点登录、安全认证

模式建立了由网络系统层、数据访问层、信息交换层、应用系统层四层级组成的系统安全监控管理机制，通过 CA（证书授权中心）认证或系统自带的认证功能解决了安全认证问题，为企业应用系统的安全平稳运行提供了保证。

在应用系统层，提供了最终用户身份证、节点连接的安全认证、应用程序的安全认证、管理界面的访问权限限制、数据加密/解密功能、安全事件报警等安全监控管理功能。同时，为了确保企业内部网的安全性，系统提出了将企业组织机构人事组织管理（仅对人员编码、姓名、所属单位等属性）与用户登录授予权集成管理机制，确保用户登录的准确性和唯一性。避免了因人事任免与用户登录授予权不同步管理时造成的安全隐患和由此带来的经济损失。

由于该系统提供了流程同步管理机制，借助企业信息门户管理，系统实现了企业内部信息资源与供应商、客户信息资源的高度集成，因此，达到了"一点登录游遍全球"的目的。

6. 服务构建的热插拔新概念

利用中间件技术，提出了"服务构建的热插拔"的概念，解决了系统运行过程中业务改变需要停机维护的难题，保证了系统不间断运行。

采用数据库连接池中间件技术，较好地解决了广域网中负载均衡问题、数据安全问题和业务逻辑的调度问题。

7. 强大的跨平台能力和应用基础低成本特性

系统完全基于标准 HTTP 协议，采用了 Web MVC 控制和 XML/XSL 引擎机制，通过 XML 实现了三级体系结构中数据交换、连接、传递、处理等功能。使系统具有强大的跨平台能力和应用基础低成本特性，可适应构造基于 Internet 的企业级应用。

8 钢铁企业物流流程再造集成化模式效果及评价

8.1 基于冶金规范实施的集成化物流流程再造模型

1. 物流管理的集成

以冶金规范为基础的生产物流管理模式侧重于对生产系统加强管理，以采购合同为基础的生产物流管理模式侧重于从库存的角度控制成本，以客户为中心的管理模式侧重于在竞争的条件下改善服务质量以获得客源，逐步演变为在企业系统内全员提高业务及服务水平以提高企业竞争力。

在 20 世纪 90 年代，当企业完成由计划经济向市场经济转轨后，钢铁企业就开始注重以销定产，但生产过程中启动阶段的能源消耗与运行准备占据了较大比例的成本，这一生产特点决定了完全以即期销量定产是不现实的，并且对钢铁企业来说也不是最节约成本的方法。以采购合同为基础的生产物流管理模式运用到钢铁企业时，在以销定产时，实际上应以区段时间的销量和一定的预测订单为基础。对于区段时间内的产品组合以及市场分析和预测要力求科学，这对于企业的效益有较大的影响。

企业是一个较复杂的系统，它的流畅运转需要企业内部各环节紧密配合来完成。把以客户为中心的管理模式运用到企业内部就要求企业内部每一个岗位的工作人员把下一道岗位工作人员当作客户。员工的敬业精神需要被提到一个新的高度。建设以人为本的企业文化，加强员工的经常性业务培训，畅通客户和企业以及企业内部的信息沟通、反馈和协商渠道等都有益于提高以客户为中心的管理模式的运行效率。但对于我国的钢铁企业而言，包括湘钢，钢铁冶炼及相关技术的自主创新能力不强，大部分钢铁企业设备的潜能没得到充分利用，能耗大，排污多。在这种情况下以落实冶金规范标准为目标对系统的全要素升级做出明确的达标要求，对于现阶段增强钢铁企业的竞争力有着非常重要的意义。将对冶金规范的落实融入到供应链流程再造的过程中，通过对采购合同和客户中心为基础的管理模式的整合，以信息化为连接方式，从而形成高度集成的物流管理新方法。

2. 以标准规范为基础的生产物流管理模型

以冶金规范和产品规范为基础，并将冶金规范融入到生产物流流程再造的过程中，如图 8 - 1 所示。通过建立以标准规范为基础的生产物流管理模型，可以使钢铁企业生产流程中严格以冶金规范为要求对生产流程中炼钢、轧钢、检验、库存、产成品等进行集成控制。

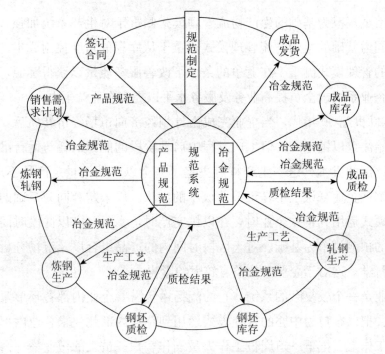

图 8 - 1   以冶金标准规范为基础的生产物流管理模型

3. 以采购合同管理为基础建立生产物流流程管理模型

以采购合同管理为基础的生产物流流程管理模型如图 8 - 2 所示。

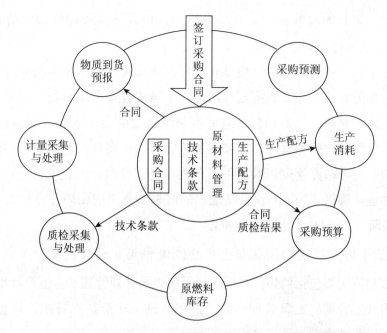

图 8‑2　以采购合同为基础的生产物流流程管理模型

构建以采购合同为基础的生产物流流程模型，对钢铁企业生产流程中各环节与采购有机整合，可以实现原燃料采购、物料到货状况、计量处理、质量检验与处理与生产消耗的集成化管理。

4. 以客户为中心的管理模型

以客户为中心的管理模型，通过建立以客户为中心的管理模型，为支撑企业大规模生产向大规模定制生产的转变，实现从"客户语言"向"生产语言"转变，其关系表述为：

客户订货→（产品规范码＋最终用途码＋客户）冶金规范系统→（检验标准＋炼钢工艺＋轧钢工艺）

通过工艺参数的制定以及中文描述实现了按客户要求，即"标准＋Q"来组织生产，对生产线进行优化，实现质量效益最大化，做到了质量设计和材料设计的高度整合，实现物流的闭环管理和监控。

5. 采购物流流程管理模型

采购物流管理主要包括采购订单管理、计量预报管理、计量站点管理、

质量管理、实时库存管理、原燃料结算管理以及实际库存管理等流程节点（郝应光，王加强，刘晓冰，2004）

通过采购物流流程管理模型建立，可以使采用订单与预报信息并联，实现计量数据的自动匹配；解决流程断点，加强流程节点的监控，减少管理漏洞；实现网上交料，对原燃料实时库存与结算后的实际库存分别进行管理；实现网上对质检过程的管理，加强质量监管力度；实现网上结算，加快原燃料的对内，对外结算速度；取消手工单据，实现检验单、磅单、结算单信息的网上传递；确保了采购物流的畅通，形成采购物流的闭环［克拉克（A. J. Clark），斯卡芙（H. Scarf），1990］。

6. 基于冶金规范的销售与生产物流流程集成管理模型

销售物流主要包括销售订单管理、销售需求计划管理、主生产计划管理、物料需求计划管理、工单管理、生产过程管理、计量站点管理、质量管理、库存管理以及销售发运管理等流程节点。

通过建立销售物流管理模型，可以实现生产计划（工单）与订单、客户需求的关联、基于实现订单状态的跟踪；解决流程断点，加强流程节点的监控，减少管理漏洞；加强企业物流的管理与监控，取消手工单据的传递，提高营运效率，减少运营成本；加强产销衔接，满足客户个性化生产的需求，提高客户的满意度，增强企业竞争力；实现与 ERP 系统高度紧密地集成，为其高效、稳定运行提供强有力的支撑；实现与（李庆，余曼丽，刘成裕，2002）生产过程控制系统高度紧密地集成，使生产指令能够下达后贯穿整个生产过程；确保了销售物流的畅通，形成销售物流的闭环流程。

8.2　集成化系统模式的市场前景及经济效益分析

1. 产品市场竞争能力

中国是一个钢铁大国，以信息化带动工业化成为国家经济发展的导向。我国有上百家大中型钢铁企业，若在排名靠前的大型钢企中实施集成化系统模式的企业只要占20%的市场份额，每个系统模式平均投资按800万元计算，则有数千万元的市场容量，若在上百家大中型钢铁企业实施集成化系统模式，若每个系统建设平均投资按 500 万元计算，则有上亿元的市场容量。

2．市场份额估算

目前市场上只有中国台湾中钢已经采用以产品规范和冶金规范为基础的冶金管理系统模式，实施效果良好。应用的集成化模式已经掌握了冶金企业关键的产品规范代码、生产工艺流程规范代码的编制原理及其编码体系，开发的冶金管理目标起点高，能够实现以客户订单的全程跟踪的物流管理目标。能够弥补现行 ERP 软件的不足；该集成化系统模式适应于其他冶金企业，也可以单独实施运行。

3．社会效益

实施集成化系统模式可以促进我国钢铁企业在国际上的核心竞争力；与冶金技术的结合，推动了钢铁企业生产力水平、产品水平、技术水平的进一步提高，技术创新能力进一步加强；促进钢铁企业管理结构的调整、业务流程的再造、管理模式的改革，给钢铁企业注入了新的活力，使钢铁企业逐步完成向以订单为主线、以计划为核心的面向客户的高效管理方式转变；促进钢铁企业向高效率管理、自动化管理、透明管理、系统管理等科学化管理目标迈进。

8.3 集成化物流流程再造模式的 IE 控制方法

1．准时制控制法

一般来说，生产制造企业由多道工序组成，其生产过程的组织控制方式是根据某时期的需求量和现有库存水平，确定出计划生产量，并通过各工序在某时期的标准资料，确定生产前置期，然后向工序发出生产指令，各工序根据指令开工生产。生产过程中的每一道工序都把加工出来的产品或半成品依次送到下一道工序，随着每道工序向最后一道工序的推进，最终逐渐完成整个生产过程。这就是传统的"推进式"生产组织控制方式。由于不知道后工序何时需要何种物料及其数量，时常会造成前工序的盲目过量生产。如果在不需要的时刻制造出超量的物料或零部件，并在不需要的时刻把这些零部件源源不断地送往后道工序，那么就会造成生产过程的混乱。

准时制（Just in Time，JIT）生产方式把"推进式"的生产过程改变为"拉动式"，这一特点正好与产销一体化系统的湘钢整个产、供、销体系的特性相符合。它采用从生产物流的相反方向来组织生产，即后道工序在必要的时刻到前道工序去领取必要数量的必要物料，接着前道工序只生产被领走的那部分物料（在数量上和种类上相同）［萨博斯尼斯·古哈（Subashinish Guha），威廉（William J），柯提阁（Kettinger），詹姆斯（James T. C），2004］。事实上，这种"倒过来"的生产组织方式是从生产过程的最终点做起的。生产计划下达生产过程中，指示"何时生产多少数量的产品"。生产部门则根据生产指令的计划需求，分别向前方工序领取装配所需要的物料或零部件，并要求"需要什么取什么，何时需要多少取多少"。前方各工序只生产被取走的那部分物料。这种方式逆着生产流程，从销售订单一步一步地追溯到原材料供应部门，改变了传统生产过程中的物料传送方式，即把"送料制"转变为"取料制"。这种一环扣一环的同步化衔接方式，使得生产系统中各个工序对自己的工作进度一目了然。能够在必要的时刻生产必要数量的必要物料或零部件，从根本上有效地制止了盲目过量生产，大幅度减少了生产过程中的在制品量，提高了生产率和生产系统的柔性，为企业市场竞争力的增强奠定了物质基础。

湘钢采用"拉动式"生产组织控制过程，可以使生产指令下达到炼钢生产过程的各个环节中，并通过后道工序向前道工序领取物料，逐渐将需求信息从生产过程的下游传到上游，使需求信息准确、无误、迅速、简明地进行传递（高振，唐立新，常瑛琦，汪定伟，2001）；同时弥补了湘钢集成系统大量信息数据收集不充足的缺陷和要求。

2. 库存连续检查控制法

为了避免在生产过程中出现停产待料，同时又要与物流流程再造集成系统对于"推动式"采购、生产、销售的系统要求相一致，必须对库存采用先进的控制模式。

一般制造型企业采取传统的确定性订货量系统，理论上讲，严格的确定性固定订货量系统应具有以下特点：①需求稳定，单位时间内的系统需求恒定；②订货提前期 L 确定且设为常数；③每次的订货批量 Q 一定；④每批的订货一次入库，入库过程在极短时间内完成；⑤订货成本、单件保管成本和单价基本固定，变化不大；⑥不允许出现缺货现象。

在上述条件下，该系统要求规定一个特定订购点 R，库存水平达到该点应当进行再采购，且订购批量为 Q。库存水平定义为当前库存量加上已订购量减去延期交货量（Fuller Love N，Cooper J，2004）。

对于在集成化物流流程再造系统下的湘钢的库存，要求时刻以客户为导向，以订单为依据，根据销售订单来制订生产计划、采购计划和库存计划。面对客户对交货期的苛刻要求，面对更多产品的改型和订单的不断调整，库存计划的制订要依赖于市场和实际的作业执行状态。不可能为确定性订货量系统，需求时刻变化，订货提前期 L 不确定且随时可能变化，每次的订货批量 Q 不定，根据订单和生产计划确定订货批量 Q，订货成本、单件保管成本和单价也时刻改变，同时也不允许出现缺货现象。所以传统的确定性订货量系统不符合湘钢的集成系统和"推动式"的组织方式。因此，为了避免计划跟不上变化，新的库存模型也因上述原因而产生改变。

湘钢的非确定性订货系统库存模型如图 8-3 所示，表明当库存水平下降到 R 点时，应进行再采购。该订货的货物将在提前期 L 期末收到，且 L 在此系统中保持不变。从图中可以看出：①需求量不稳定，随着客户订单的多少和客户订单产品的改型，订单的不断调整而调整，单位时间内的系统需求也随之改变；②订货提前期 L 不确定，要根据实际订单的多少和生产的需求而确定；③每次的订货批量 Q 不定，根据实际订单的多少和生产的需求而确定；④订货成本、单件保管成本和单价改变，随着订货量的多少其成本必定会发生相应的变化；⑤缺货现象有可能发生，但应尽量避免。

再订购点 R 的确定也要根据需求的变化和提前期的改变而变化：

$$R = \bar{d} \times L$$

式中：$\bar{d}$——平均需求量（每天需求），L——提前期。

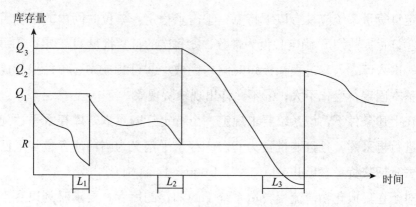

图 8-3 湘钢非确定性库存模型

对于时间不能预先确定的库存控制，严格的管理和精确的人员、资金、工作等安排都有一定的难度。需求的随时变化，每次盘点时的储存量都各不相等，为达到目标库存水平而需要补充的数量也随着变化。因此，库存控制的基本方式采用为连续检查控制法，在每次物资出库时，盘点剩余物资，检查库存量是否低于预先的设定的再订购点（R）。如果低于再订购点，则应该发出订货指令。由于从订货指令发出到所购物资入库，通常需要一段时间，在此期间库存不断减少，物资不断地投入生产环节，转换成产品，直到库存储备降到最低点。当订货物资到货时，库存得到补充，达到一定的批量（Q）。库存根据销售订单和生产计划而不断地变化（周威，常显奇，2001）。采用连续检查控制方式的库存控制既避免了由于库存不足造成的停产待料等一些不正常因素而影响到整个服务水平、客户信誉和企业效益，也符合集成化物流流程再造系统的要求。

8.4 集成化物流流程再造模式的层次分析评价

1. 评价指标的选择

根据湘钢的物流流程运行状况、经济效益、人力资源和客户满意度四个方面，选取共 15 个二级指标组成了三层次综合评价指标体系（见图 8-4），并建立层次评价结构模型。

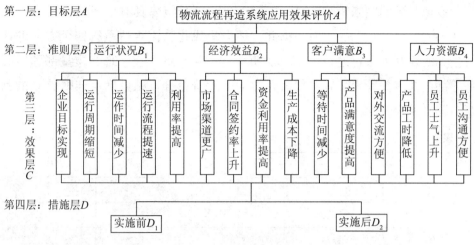

第一层：目标层A　物流流程再造系统应用效果评价A

第二层：准则层B　运行状况B₁　经济效益B₂　客户满意B₃　人力资源B₄

第三层：效果层C　企业目标实现　运行周期缩短　运作时间减少　运行流程提速　利用率提高　市场渠道更广　合同签约率上升　资金利用率提高　生产成本下降　等待时间减少　产品满意度提高　对外交流方便　产品工时降低　员工士气上升　员工沟通方便

第四层：措施层D　实施前D₁　实施后D₂

图 8-4　评价指标的选择

2. 判断矩阵的建立

根据递阶层次结构就能很容易地构造判断矩阵。构造判断矩阵的方法是：每一个具有向下隶属关系的元素（被称作准则）作为判断矩阵的第一个元素（位于左上角），隶属于它的各个元素依次排列在其后的第一行和第一列。重要的是填写判断矩阵，其方法是：向填写人（专家）反复询问：针对判断矩阵的准则，其中两个元素两两比较哪个重要，重要多少。判断矩阵是层次分析法的基本信息，也是进行相对重要度计算的重要依据。对重要性程度按 $1 \sim 9$ 赋值，一般采用这样的尺度，规定用 1、3、5、7、9 分别表示 i 元素与 j 元素同样、比较重要、重要、很重要和极重要（重要性标度值见表 8-1）。

表 8-1　信息等级的权限

标度 a_{ij}	定　义
1	i 因素与 j 因素同等重要
3	i 因素比 j 因素略重要
5	i 因素比 j 因素重要
7	i 因素比 j 因素重要得多
9	i 因素与 j 因素绝对重要
2、4、6、8	介于以上两种判断之间的状态的标度
倒数	若 i 因素与 j 因素比较，得到的结果为 $a = 1/a_{ij}$

设填写后的判断矩阵为 $A = (\alpha_{ij})_{n \times n}$，判断矩阵具有如下性质：①$\alpha_{ij} > 0$；②$\alpha_{ij} = 1/\alpha_{ji}$；③$\alpha_{ij} = 1$。据此，根据集成化物流再造系统四个方面的评价指标的相互关系，通过物流部、市场部、生产部、技术部、质量部和服务部等部门及有关专家、客户代表等方面的评价打分，则可确定准则层 B 的判断矩阵（见表 8 - 2）。

表 8 - 2 A—B 判断矩阵

A	B_1	B_2	B_3	B_4
B_1	1	4	9	1
B_2	1/4	1	3	5
B_3	1/2	1/3	1	2
B_4	1	1/5	1/2	1

类似地，效果层 C 的相互关系的判断矩阵见表 8 - 3、表 8 - 4、表 8 - 5 和表 8 - 6，措施层 D 的相互关系的判断矩阵见表 8 - 7。

表 8 - 3 B_1—C_i 判断矩阵

B_1	C_1	C_2	C_3	C_4	C_5
C_1	1	2	4	6	9
C_2	1/2	1	2	4	8
C_3	1/4	1/2	1	3	5
C_4	1/6	1/4	1/3	1	4
C_5	1/9	1/8	1/5	1/4	1

表 8 - 4 B_2—C_i 判断矩阵

B_2	C_6	C_7	C_8	C_9
C_6	1	1/2	1/7	1/5
C_7	2	1	1/5	1/3
C_8	7	5	1	1/7
C_9	5	3	7	1

表 8 - 5 B_3—C_i 判断矩阵

B_3	C_{10}	C_{11}	C_{12}
C_{10}	1	5	3
C_{11}	1/5	1	1/2
C_{12}	1/3	2	1

表 8 - 6 B_4—C_i 判断矩阵

B_4	C_{13}	C_{14}	C_{15}
C_{13}	1	4	6
C_{14}	1/4	1	3
C_{15}	1/6	1/3	1

表 8 - 7 C—D 判断矩阵

C_1	D_1	D_2	C_2	D_1	D_2	C_3	D_1	D_2	C_4	D_1	D_2	C_5	D_1	D_2
D_1	1	3	D_1	1	2	D_1	1	5	D_1	1	2	D_1	1	4
D_2	1/3	1	D_2	1/2	1	D_2	1/5	1	D_2	1/2	1	D_2	1/4	1
C_6	D_1	D_2	C_7	D_1	D_2	C_8	D_1	D_2	C_9	D_1	D_2	C_{10}	D_1	D_2
D_1	1	2	D_1	1	5	D_1	1	7	D_1	1	3	D_1	1	5
D_2	1/2	1	D_2	1/5	1	D_2	1/7	1	D_2	1/3	1	D_2	1/5	1
C_{11}	D_1	D_2	C_{12}	D_1	D_2	C_{13}	D_1	D_2	C_{14}	D_1	D_2	C_{15}	D_1	D_2
D_1	1	4	D_1	1	6	D_1	1	3	D_1	1	4	D_1	1	2
D_2	1/4	1	D_2	1/6	1	D_2	1/3	1	D_2	1/4	1	D_2	1/2	1

3. 相对重要度的计算

对上级要素为准则所评价的同级要素之间的相对重要程度可以由计算比较矩阵 A 的特征值获得。但计算方法较为复杂，而实践中采用求和法或求根法来计算特征值的近似值，本书采用的是求根法。

步骤：将矩阵按行求：$v_i = \sqrt[n]{\prod_j u_{ij}}$

归一化：$\omega_i = v_i / \sum v_i$，$i = 1, 2, \cdots, n$

（1）目标层指标的重要度 ω_i 和 v_i，计算值如下：

$$V_A = \begin{bmatrix} 1.682 \\ 1.392 \\ 0.760 \end{bmatrix} \qquad W_A = \begin{bmatrix} 0.383 \\ 0.317 \\ 0.173 \\ 0.128 \end{bmatrix}$$

（2）准则层指标的重要度 ω_{ij} 和 v_{ij}，计算值如下：

$$V_{B_1} = \begin{bmatrix} 3.367 \\ 2.000 \\ 1.134 \\ 0.561 \end{bmatrix} \quad V_{B_2} = \begin{bmatrix} 0.346 \\ 0.604 \\ 1.495 \\ 3.201 \end{bmatrix} \quad V_{B_3} = \begin{bmatrix} 2.466 \\ 0.464 \\ 0.874 \end{bmatrix} \quad V_{B_4} = \begin{bmatrix} 2.884 \\ 0.909 \\ 0.382 \end{bmatrix}$$

$$W_{B_1} = \begin{bmatrix} 0.461 \\ 0.274 \\ 0.155 \\ 0.077 \end{bmatrix} \quad W_{B_2} = \begin{bmatrix} 0.061 \\ 0.107 \\ 0.265 \end{bmatrix} \quad W_{B_3} = \begin{bmatrix} 0.648 \\ 0.122 \\ 0.230 \end{bmatrix} \quad W_{B_4} = \begin{bmatrix} 0.691 \\ 0.218 \\ 0.091 \end{bmatrix}$$

（3）效果层指标的重要度 ω_{ij} 和 v_{ij}，计算值如下：

$$V_{C_1} = \begin{bmatrix} 1.732 \\ 0.577 \end{bmatrix} \quad W_{C_1} = \begin{bmatrix} 0.750 \\ 0.250 \end{bmatrix} \quad V_{C_2} = \begin{bmatrix} 1.414 \\ 0.707 \end{bmatrix}$$

$$W_{C_2} = \begin{bmatrix} 0.667 \\ 0.333 \end{bmatrix} \quad V_{C_3} = \begin{bmatrix} 2.236 \\ 0.447 \end{bmatrix} \quad V_{C_3} = \begin{bmatrix} 0.833 \\ 0.167 \end{bmatrix}$$

$$V_{C_4} = \begin{bmatrix} 1.414 \\ 0.707 \end{bmatrix} \quad W_{C_4} = \begin{bmatrix} 0.667 \\ 0.333 \end{bmatrix} \quad V_{C_5} = \begin{bmatrix} 2.000 \\ 0.500 \end{bmatrix}$$

$$W_{C_5} = \begin{bmatrix} 0.800 \\ 0.200 \end{bmatrix} \quad V_{C_6} = \begin{bmatrix} 1.414 \\ 0.707 \end{bmatrix} \quad W_{C_6} = \begin{bmatrix} 0.667 \\ 0.333 \end{bmatrix}$$

$$V_{C_7} = \begin{bmatrix} 2.236 \\ 0.447 \end{bmatrix} \quad W_{C_7} = \begin{bmatrix} 0.833 \\ 0.167 \end{bmatrix} \quad V_{C_8} = \begin{bmatrix} 2.646 \\ 0.378 \end{bmatrix}$$

$$W_{C_8} = \begin{bmatrix} 0.875 \\ 0.125 \end{bmatrix} \quad V_{C_9} = \begin{bmatrix} 1.732 \\ 0.577 \end{bmatrix} \quad W_{C_9} = \begin{bmatrix} 0.750 \\ 0.250 \end{bmatrix}$$

$$V_{C_{10}} = \begin{bmatrix} 2.236 \\ 0.447 \end{bmatrix} \qquad W_{C_{10}} = \begin{bmatrix} 0.833 \\ 0.167 \end{bmatrix} \qquad V_{C_{11}} = \begin{bmatrix} 2.000 \\ 0.500 \end{bmatrix}$$

$$W_{C_{11}} = \begin{bmatrix} 0.800 \\ 0.200 \end{bmatrix} \qquad V_{C_{12}} = \begin{bmatrix} 2.449 \\ 0.408 \end{bmatrix} \qquad W_{C_{12}} = \begin{bmatrix} 0.857 \\ 0.143 \end{bmatrix}$$

$$V_{C_{13}} = \begin{bmatrix} 1.732 \\ 0.577 \end{bmatrix} \qquad W_{C_{13}} = \begin{bmatrix} 0.750 \\ 0.250 \end{bmatrix} \qquad V_{C_{14}} = \begin{bmatrix} 2.000 \\ 0.500 \end{bmatrix}$$

$$W_{C_{14}} = \begin{bmatrix} 0.800 \\ 0.200 \end{bmatrix} \qquad V_{C_{15}} = \begin{bmatrix} 1.414 \\ 0.77 \end{bmatrix} \qquad W_{C_{15}} = \begin{bmatrix} 0.667 \\ 0.333 \end{bmatrix}$$

4. 一致性检验

在实际评价中评价者只能对评价对象 A 进行粗略判断，甚至有时会犯不一致的错误，如已判断 U_1 比 U_2 重要，U_2 比 U_3 较重要，那么，U_1 应当比 U_3 更重要。但如果判断 U_3 比 U_1 重要或同等重要就会出现矛盾，为了保证判断矩阵的一致性，需要进行一致性检验。

计算一致性指标：$C.I. = \dfrac{\lambda\alpha\max - n}{n-1}$

$$\lambda\alpha\max = \frac{1}{n} \underset{i}{\sum} \left[\frac{(AW)_i}{\omega_i} \right]$$

因此，对集成化系统评价指标的一致性检验如下：

（1）目标层指标，计算值如下：

$$A_A W_A = \begin{bmatrix} 1 & 4 & 2 & 4 \\ 1/4 & 1 & 1/3 & 1 \\ 1/2 & 3 & 1 & 2 \\ 1/4 & 1 & 1/2 & 1 \end{bmatrix} = \begin{bmatrix} 0.572 \\ 0.079 \\ 0.260 \\ 0.090 \end{bmatrix} = \begin{bmatrix} 1.798 \\ 0.399 \\ 0.963 \\ 0.442 \end{bmatrix}$$

$$\lambda\alpha\max = \frac{1}{4} \left[\frac{1.768}{0.572} + \frac{0.399}{0.079} + \frac{0.963}{0.260} + \frac{0.442}{0.090} \right] = 4.189$$

$$C.I. = \frac{4.189 - 4}{4 - 1} = 0.063$$

（2）准则层指标，计算值如下：

$$A_{B_1}W_{B_1} = \begin{bmatrix} 2.379 \\ 1.379 \\ 0.798 \\ 0.403 \end{bmatrix} \qquad A_{B_2}W_{B_2} = \begin{bmatrix} 0.266 \\ 0.471 \\ 1.408 \\ 3.048 \end{bmatrix}$$

$$A_{B_3}W_{B_3} = \begin{bmatrix} 1.948 \\ 0.367 \\ 0.600 \end{bmatrix} \qquad A_{B_4}W_{B_4} = \begin{bmatrix} 2.109 \\ 0.664 \\ 0.279 \end{bmatrix}$$

$\lambda_{B_1}\max = 5.147 \qquad \lambda_{B_2}\max = 4.263$

$\lambda_{B_3}\max = 3.005 \qquad \lambda_{B_4}\max = 3.055$

$C.I._{B_1} = 0.037 \qquad C.I._{B_2} = 0.088$

$C.I._{B_3} = 0.003 \qquad C.I._{B_4} = 0.028$

(3) 效果层指标，计算值如下：

$$A_{C_1}W_{C_1} = \begin{bmatrix} 1.500 \\ 0.500 \end{bmatrix} \quad A_{C_2}W_{C_2} = \begin{bmatrix} 1.333 \\ 0.667 \end{bmatrix} \quad A_{C_3}W_{C_3} = \begin{bmatrix} 1.668 \\ 0.334 \end{bmatrix}$$

$$A_{C_4}W_{C_4} = \begin{bmatrix} 1.333 \\ 0.667 \end{bmatrix} \quad A_{C_5}W_{C_5} = \begin{bmatrix} 1.600 \\ 0.400 \end{bmatrix} \quad A_{C_6}W_{C_6} = \begin{bmatrix} 1.333 \\ 0.667 \end{bmatrix}$$

$$A_{C_7}W_{C_7} = \begin{bmatrix} 1.668 \\ 0.334 \end{bmatrix} \quad A_{C_8}W_{C_8} = \begin{bmatrix} 1.750 \\ 0.050 \end{bmatrix} \quad A_{C_9}W_{C_9} = \begin{bmatrix} 1.500 \\ 0.500 \end{bmatrix}$$

$$A_{C_{10}}W_{C_{10}} = \begin{bmatrix} 1.668 \\ 0.334 \end{bmatrix} \quad A_{C_{11}}W_{C_{11}} = \begin{bmatrix} 1.600 \\ 0.400 \end{bmatrix} \quad A_{C_{12}}W_{C_{12}} = \begin{bmatrix} 1.750 \\ 0.050 \end{bmatrix}$$

$$A_{C_{13}}W_{C_{13}} = \begin{bmatrix} 1.500 \\ 0.500 \end{bmatrix} \quad A_{C_{14}}W_{C_{14}} = \begin{bmatrix} 1.600 \\ 0.400 \end{bmatrix} \quad A_{C_{15}}W_{C_{15}} = \begin{bmatrix} 1.333 \\ 0.667 \end{bmatrix}$$

经计算得：

$\lambda_{C_1\max} = \lambda_{C_2\max} = \cdots \lambda_{C_{15}\max} \approx 2.00752$

$CI_{c_1} = CI_{c_2} = \cdots = CI_{c_5} \approx 0.00752$

随着 n 的增加判断误差就会增加，因而判断一致性应当考虑到 n 的影响，使用随机一致性比值 $CR_\lambda = \dfrac{CI}{RI}$，式中，$R.I.$ 为平均随机一致性指标；表 8-8 是样本平均值。

表 8 - 8   平均随机一致性指标 (*R.I.*) 列表

维数	1	2	3	4	5	6	7	8	9
R.I.	0	0	0.58	1.96	1.12	1.24	1.32	1.41	1.45

$$C.R._A = \frac{0.063}{0.96} = 0.066$$

$$C.R._{B_1} = 0.033 \qquad C.R._{B_2} = 0.091$$

$$C.R._{B_3} = 0.005 \qquad C.R._{B_4} = 0.048$$

$$C.R._{C_1} = C.R._{C_2} = \cdots = C.R._{C_{15}} = 0$$

同理，当 $C.R. < 0.1$ 时，判断矩阵的一致性是可以接受的，$C.R. > 0.1$ 时，认为判断矩阵不符合一致性要求，需要对该判断矩阵进行重新修正。因此，对于准则层、效果层和措施层评价指标的一致性都是可以接受的。

5. 层次综合重要度计算

综合重要度是指每一个判断矩阵各因素针对目标层（最上层）的相对权重，其计算采用从上而下的方法，逐层合成。假定已经算出第 $k-1$ 层 m 个元素相对于总目标的权重 $w_{(k-1)} = (w_{1(k-1)}, w_{2(k-1)}, \cdots, w_{m(k-1)})^T$，第 k 层 n 个元素对于上一层（第 k 层）第 j 个元素的权重是 $p_{j(k)} = (p_{1j(k)}, p_{2j(k)}, \cdots, p_{nj(k)})^T$，其中不受 j 支配的元素的权重为零。令 $P_{(k)} = (p_{1(k)}, p_{2(k)}, \cdots, p_{n(k)})$，表示第 k 层元素对第 $k-1$ 层各元素的重要度，则第 k 层元素对于总目标的综合重要度为：

$$\omega_i^{(k)} = \sum_{j=1}^{m} P_{ij}^{(k)} \omega_j^{(k-1)}$$

$$I = 1, 2, \cdots, n$$

专家、客户、使用者等方面考虑的准则层 B 四相因素的权重为：$P_B = (0.2 \quad 0.4 \quad 0.3 \quad 0.1)$，则目标层 A 的总排序为：

$$\omega_A = W_A \times P_B = \begin{bmatrix} 0.383 \\ 0.317 \\ 0.173 \end{bmatrix} (0.2 \quad 0.4 \quad 0.3 \quad 0.1) = 0.2681$$

同理给出了要评价层的下一层各元素的权重，就可计算出此层各元素的综合重要度（见表 8 - 9、表 8 - 10 和表 8 - 11）。

表 8 - 9 准则层 B 综合重要度表

B_1	B_2	B_3	B_4
0.1071	0.3214	0.0714	0.0351

表 8 - 10 效果层 C 综合重要度表

C_1	C_2	C_3	C_4	C_5	C_6	C_7	C_8	C_9	C_{10}	C_{11}
0.2318	0.3671	0.0712	0.0567	0.1567	0.0456	0.4657	0.2031	0.0967	0.0856	0.6412

表 8 - 11 措施层 D 综合重要度表

D_1	D_2
0.3482	0.7451

6. 集成化物流流程再造系统评价结果分析

采用层次分析评价法，可以得出被评价对象的等级，并可用来评价物流流程再造系统具体运用的状况。从方案层总排序的结果看，采用集成化物流流程再造系统（D_2）的重要度（0.7451）远远大于不采用的（D_1）的权重（0.3482），说明湘钢实施物流流程再造对其经营状况、经济效益和客户满意等方面都比实施前产生较大的改进（见表 8 - 12）。因此，实施物流流程再造是改善企业运营状况的必然选择。

表 8 - 12 物流流程再造前后的评价

评语 \ 因素	C_1	C_2	C_3	C_4	C_5	C_6	C_7	C_8	C_9	C_{10}	C_{11}	C_{12}	C_{13}	C_{14}	C_{15}
实施后	很好	很好	很好	好	较好	一般	较好	很好	较好	好	好	很好	很好	好	好
实施前	很好	一般	较差	差	较差	好	好	好	一般	很差	一般	较好	很差	一般	较好

由评价结果可知，通过实施物流流程再造，湘钢的能耗大大降低且产品竞争力增强，缩短了成品出厂周期，实现了产品质量全程管理，解决了以前成本的核算无法跟踪到整个生产过程，实现了优质的客户服务，使库存量一目了然。

9 研究总结及未来研究方向

9.1 主要研究工作总结

进入 21 世纪以来，随着客户个性化、及时化、便利化的需求增加，钢铁企业采用物流流程再造来满足客户对产品可获性的要求，但并不是所有的物流流程再造都达到了预期的效果，集成化物流流程再造模式已成为物流流程再造成功的关键性要素。本书从钢铁企业物流流程再造的需求特性分析、物流流程再造模式设计到集成化物流流程再造系统应用研究，较全面系统地研究了钢铁企业物流流程再造模式。在研究方法上，将业务流程再造理论同系统动力学理论、优化建模方法和工业工程方法结合起来，实现了多种理论的融合、定性分析与定量建模方法的统一。取得了创造性的研究成果，主要研究工作总结如下。

（1）揭示并分析了钢铁企业物流流程再造需求的驱动力。在阐述钢铁企业流程再造必要性的基础上，分析了钢铁企业生产具有产成品多样性、工艺复杂性、生产过程连续性等特点，针对目前我国钢铁企业物流管理实践现状，指出我国钢铁企业物流管理存在的主要问题，提出了钢铁企业物流流程再造的重点与难点，揭示了钢铁企业物流流程再造需求的驱动力，其中，外部驱动力主要由于竞争方式与顾客需求模式的变化所引起；而内部驱动力则包括企业内部的趋好内力、文化内力以及欲望内力。

（2）构建了钢铁企业集成化物流流程再造模型。本书探讨了集成化物流的理论基础，研究了集成化物流的运作模式，基于流程优化思想，利用流程图等方法工具，通过分析钢铁企业传统物流流程发现其四大非增值要素——原材料多环节储存、生产环节低效率、客户服务水平低和信息共享程度差，提出基于集成化物流思想的钢铁企业物流流程再造方案，并论述了其流程再造的组织保障。

(3) 建立基于系统动力学的钢铁企业物流流程模型并进行了仿真分析。本书应用 Vensim 软件对钢铁企业采购流程中的订货策略进行系统动力学仿真分析，得出了最佳订货策略，构建了采购流程中订货系统和时间分析模型；建立了钢铁企业分销系统动力学模型，反映了钢铁企业销售物流模式和生产变化情况，为企业的决策和流畅的生产计划管理提供了可靠的支持。

(4) 通过应用研究验证了钢铁企业物流流程再造的效果。在前述理论研究的基础上，本书以湘潭钢铁集团公司为背景进行了应用研究，提出了基于冶金规范实施基础的集成化钢铁企业物流流程再造模式，并应用层次分析法对物流流程再造实施进行了分析评价，新的物流再造系统使企业管理方法革新、技术革新等领域的局部进步得以集成，再造效果满足了钢铁企业物流管理的需求，实现了信息链和管理链对企业集成系统的完全链接，提高了企业物流管理水平，对促进我国钢铁企业物流管理水平具有一定的意义。

9.2　主要理论进展

1. 揭示并分析了钢铁企业物流流程再造需求的驱动力

1993 年哈默和钱皮 (Michael Hammer and James Champy)《企业再造》的出版，认为 20 年来没有一个管理思潮能将美国的竞争力倒转过来，而将流程再造称为"恢复美国竞争力的唯一途径"，并将"取代工业革命，使之进入再造革命的时代"。1995 年，钱皮又出版了《再造管理》，提出应在新的企业运行空间条件下，改造原来的工作流程，以使企业更适应未来的生存发展空间。[韦爵 (H A Reijers)，丽曼曼莎 (S Limanmansar)，2005] 指出先进物流管理的实现不仅取决于方法的应用，而且决定于管理观念和企业组织运作方式的再造。桑米库玛·库玛·罗泰尔斯爵尔豪 (Sameerkumar Kumar Russellstrehlow，2004) 认为企业组织运作方式必须适应新的技术，其效能才能得到充分应用，田茂利和王颖 (2003) 研究了业务流程再造影响企业的有效规模，将 BPR 的发展过程分为引入期、成长期、成熟期和衰退期四个时期。周振 (2005) 指出许多企业开始实施企业资源计划 (Enterprise Resource

Planning，ERP）系统，并投入了大量资源，但研究表明 ERP 项目实施的失败率非常高，我国国有企业失败率高达 70%。究其原因，管理思想的转变、高层领导的支持和参与、建立项目监管制度、业务流程再造、数据的准确性和教育与训练是影响我国企业成功实施 ERP 项目的关键因素。国内学者对业务流程再造的研究主要集中在 BPR 的工具、特征、绩效和经验等方面。因此，从整个供应链来看，物流管理的关键是流程管理，企业再造重要的是物流流程再造，钢铁企业已初步认识到再造的重要性和必要性。

本书在阐述钢铁企业流程再造必要性的基础上，总结分析了钢铁企业流程具有产成品多样性、工艺复杂性和生产过程连续性等特点，指出目前钢铁企业物流流程存在的主要问题，分析钢铁企业物流流程再造的重点与难点，并提出了钢铁企业流程再造的驱动力。其中，外部动力主要源于竞争方式与顾客需求模式的变化；而内部动力则包括企业内部的趋好内力、文化内力以及欲望内力。

2. 构建了钢铁企业集成化物流流程再造模型

已有的文献对企业流程再造的研究侧重于从某一方面进行，如选择动因、实施策略、物流信息系统、绩效评价等，缺乏对其集成的研究。本书的研究力图在钢铁企业物流流程再造方面做一些有益的探索，构建钢铁企业集成化物流流程再造模型。

本书在刘志学教授（1999）提出的物流管理集成实现过程模型的基础上，对钢铁企业内部集成进行研究，从钢铁企业的采购物流流程、生产物流流程、销售物流流程的集成控制入手，构建钢铁企业集成化物流流程再造模型（邹安全，2008），分析集成化物流的组织结构（舒辉，2004）并论述钢铁企业物流流程再造的组织保障。

3. 建立基于系统动力学的钢铁企业物流流程模型并进行仿真分析

早在 20 世纪 50 年代科瓦斯特（Jay W Forrester）教授对经济与工业组织系统进行了深入的研究，唯奥斯（Vos B）与阿克曼斯（Akkermans H A）将系统动力学用于供应链的研究，提出了一种综合的供应链扩展设计方法，以实现动态决策支持。国外学者运用系统动力学在供应链管理方面的研究主要集中在库存管理、时间压缩、需求扩大、供应链设计和整合以及国际供应链管理等方面［大卫·葛素尔（David Kosiur），1997］。系统动力学在 20 世纪 80 年代初引入我国，20 多年来包括王其藩、苏愈康和胡玉奎（1986）等在内的多位学者参与了系统动力学在中国的应用研究工作，但在供应链管理领域应用研究的文献不多见，特别是在钢铁企业物流流程建模分析研究方面更是少见。

本书运用系统动力学理论，采用 Vensim 对钢铁企业采购流程中的订货策略进行系统动力学仿真分析，得出最佳订货策略（邹安全，2006），构建了采购流程中的时间分析模型；并建立钢铁企业订货系统和销售流程中分销系统动力学模型（邹安全，2006），反映了钢铁企业分销物流模式和生产变化的相互影响，为企业的决策和流畅的生产计划管理提供了可靠的支持。

4. 通过应用研究验证了钢铁企业物流流程再造的效果

国分村生、安田素郎和入月克己（1997）对日本福山钢铁厂开发的钢材物流系统进行研究，重点对产品的出库与发货进行控制。以降低运输成本，提高运输能力，缩短钢材等待发货时间。古口志信（1994）为 NKK 京滨钢铁公司开发了综合物流管理系统，把优化整个企业内部物流作为出发点，通过建立一个新的容器仓库系统和升级原料 4 个系统，建立起一个新的综合物流管理系统。石合信吾和田中保彦（1991）研究了钢铁企业物流的整体最优化模型，即为全流程（炼铁—炼钢—连珠—轧制）综合优化模型，重点从生产过程的角度来进行优化。杨立波、庄新田和黄小原（2003）针对宝钢技术经济发展公司供应链管理进行了模式设计。针对公司的业务经营现状、经营环境以及未来发展目标，探讨公司建立供应链管理的定位及目标，指出业务流程再造、客户关系管理、供应商管理、电子商务应用是公司建立供应链管理的关键问题。根据钢铁贸易行业的订单式生产方式，提出供应链管理的应用模式，并建立了钢材深加工贸易供应链模型。从供应链管理实施的角度，指出应注意信息共享与系统整合问题。强伟和黄小原（2006）对首钢 ERP 实施成功因素进行了实证分析，指出企业资源计划作为互联网环境下管理集成、资源集成的信息系统，其实施是一项高风险和高成本的工作。

本书在前述理论研究的基础上，以湘潭钢铁集团公司为背景进行应用研究，提出了基于冶金规范实施基础的集成化钢铁企业物流流程再造模式（邹安全，2006），并应用层次分析法对物流流程再造实施进行分析评价（邹安全，2006），结果表明物流流程再造对我国钢铁企业降低能耗、提高效率和提升顾客满意度等都具有重要作用。

9.3　本书研究的主要意义

本书的研究以钢铁企业为背景，研究其物流流程再造模式，具有重要的理论意义和实践意义。

在理论方面，目前研究业务流程再造（Business Process Reengineering，BPR）的文献较多，同时研究物流管理的文献也很多，在研究供应链管理与物流管理问题时经常涉及物流流程问题，但专门对物流流程再造研究的文献几乎没有，虽然"物流管理是供应链管理的一部分"，但为了更好地挖掘物流管理所能产生的利润，研究物流流程再造是提升企业物流管理水平的客观需要。本书以钢铁企业物流管理中的流程问题为背景，沿钢铁企业物流流程再造需求分析—钢铁企业物流流程再造模式—钢铁企业集成化物流流程再造模型—钢铁企业集成化物流流程再造应用研究的思路进行研究，构建钢铁企业集成化物流流程再造模式，充实了业务流程再造和物流管理研究领域的内容。

实践方面，通过对钢铁企业集成化物流流程再造模式研究，对于我国钢铁企业在激烈的市场竞争中获取竞争优势，提升企业的核心能力有重要帮助，应进行物流优化、再造来保证企业战略成功实施，集成化物流流程再造成为一种现实需求，本书的研究给钢铁企业选择物流管理模式提供了指导依据。对其他流程型企业而言，如何选择合适的战略、降低成本、提高竞争力和顾客满意度，也可以从本书找到借鉴思路。

9.4　本书的主要研究局限性及未来研究方向

物流流程再造模式问题是一个较新的研究领域，买方市场个性化需求的快速多变，对"第三利润源"物流的重视和对核心能力的重视促使企业物流流程再造越来越广泛。因此，有关物流流程再造问题的研究会越来越受到重视。一些实践中已经运用的管理措施需要从理论上进行总结，通过理论的研究进一步指导实践。本书在物流流程再造模式的研究上取得了一定的进展，但笔者认为还有很多问题有待进一步研究，主要包括：钢铁企业物流流程再造的标准化运作参考模型；钢铁企业物流流程再造的标杆瞄准集成模型；钢铁企业物流流程再造的供应链扩展模型；钢铁企业物流流程再造的可视化控制模型等问题。

上述诸多问题都需要运用定性分析与定量建模相结合的方法建立相关模型，通过模型辅助供应链管理决策与优化。笔者将对上述问题进一步探索，期望能取得具有理论和实际应用价值的研究成果。

参考文献

[1] F PETER NEWSON, MICHAEL PARENT. Management information systems cases [M]. Ivey Press, 1998.

[2] ROSS D F. Competing through supply chain management: creating market－wining strategies through supply chain partnerships [M]. Chapman & Hall, 1998.

[3] A M GEOFFRION, G W GRAVES. Multicommodity distribution system design by Benders' decomposition [J]. Management Science, 1974, 20 (5): 822 - 844.

[4] RICHARD A LANCIONI, MICHAEL F SMITH, TERRENES A OLIVIA. The role of the internet in supply chain management [J]. Industrial Marketing Management, 2000 (29): 45 - 56.

[5] D J THOMAS, P M GRIFFIN. Coordinated supply chain management [J]. European Journal of Operational Research, 1996, 94 (1): 1 - 15.

[6] M A COHEN, H L LEE. Manufacturing strategy: concepts and methods. In P. R. Kleindorfer. The management of productivity and technology in manufacturing [M]. New York: Plenum, 2001: 153 - 188.

[7] AXEL RUDER, BERND TIBKEN. A methodology for modeling inter － company supply chains and for evaluating a method of integrated product and process documentation [J]. European Journal of Operational Research, 2006 (169): 1010 - 1029.

[8] CACHON G P. Supply Chain Coordination with Contracts [A]. University of Pennsylvania, 2003.

［9］ GILVAN C SOUZA，V DANIEL R. Time Value of Commercial Product Returns ［D］. Working paper，University of Maryland，2004.

［10］ NARAYANAN V G，A RAMAN，J SINGH. Agency Costs in a Supply Chain with Demand Uncertainty and Price Competition ［J］. Harvard Business School. Forthcoming in Management Science，2002.

［11］ 徐颖. 制造业企业中供应链的优化 ［J］. 制造业自动化，2000 （6）：33－35.

［12］ 曲昊月，初建环. JIT 模式对供应链采购管理的优化 ［J］. 商业经济，2004 （4）：20－22.

［13］ 邱若臻，黄小原. 供应链渠道协调的收入共享契约模型 ［J］. 管理学报，2006 （3）：50－54.

［14］ 郭海峰，黄小原，邱若臻. 供应商管理库存的最优购买数量和利润 ［J］. 东北大学学报（自然科学版），2005 （2）：17－21.

［15］ H A REIJERS，S LIMANMANSAR. Best practices in business process design：an overview and qualitative evaluation of successful redesign heurities ［J］. Omega，2005 （33）：283－306.

［16］ SELMALIMANMANSAR，HAJOAREIJERS. Best practices in business process redesign validation of a redesign framework ［J］. Computer Industry，2005 （56）：457－471.

［17］ SAMEERKUMAR KUMAR，RUSSELLSTREHLOW. Business process redesign as a tool for organizational development ［J］. Technovation，2004 （24）：853－861.

［18］ KI－JIN JIANG. A model decomposition approach for a manufacturing enterprise in business process reengineering ［J］. International Journal of Computer Integrated Manufacturing，2003，16 （3）：210－218.

［19］ MARIACARIDI，SERGIO CAVALIERI，GIORGIODIAZZI，et al. Assessing the Impact of E－Procurement Strategies Through the Use of Business process Modeling and Simulation Techniques ［J］. Production Planning of Control，October 2004，15 （7）：647－661.

［20］V S LAI，R K MAHAPATRA. Correlating business process re-engineering with the information systems department ［J］. International Tournal of Production Research 2004，42（12）：2357-2382.

［21］MOHSEN ATTARAN. Exploring the relationship between information technology and business process reengineering ［J］. Information & Management，2004（41）：585-596.

［22］JEFFREY K LIKER，YEN-CHUN WU. Japanese Automakers，U. S. Suppliers and Supply Chain Superiority ［J］. Sloan Management Review，2000（7）：22-35.

［23］JAMES TENG KIRK D. Fieldler Varun Grover. An Exploratory Study of the Influence of IS Function and Organizational Context on Business Process Reengineering Project Initiatives ［J］. Omega，2001，26（6）：198-201.

［24］邹安全，刘志学. 我国钢铁企业 ISPS-ERP 系统应用策略研究 ［J］. 物流技术，2006（4）：78-81.

［25］邹安全，刘志学. 钢铁企业物流流程再造模式设计及评价 ［J］. 物流技术，2006（9）：74-78.

［26］邹安全，刘志学. 钢铁企业订货系统模型 ［J］. 中国物流与采购，2007（3）：70-72.

［27］邹安全，刘志学. 钢铁企业采购物流流程再造及评价分析的案例研究 ［J］. 工业工程，2008（2）.

［28］邹安全，刘志学. 基于供需关系的采购联盟定量决策模型分析 ［J］. 系统工程，2008（1）.

［29］ZOU ANQUAN，LIU ZHIXUE. Application of the business process reengineering model in steel enterprises ［J］. Engineering Sciences，2006（3）：60-67.

［30］ZOU ANQUAN，LIU ZHIXUE. Application of the process reengineering model in steel enterprises ［C］. The13 International Conference on Industrial Engineering and Engineering Management，12-14 Aug. 2006，Shandong，University，Weihai，P. R. China.

［31］刘玉瀛，余英武，王晔．浅谈供应链条件下钢铁企业的物流整合［J］．物流技术，2004（11）：54－57．

［32］舒辉．集成化物流研究［D］．南昌：江西财经大学，2004．

［33］舒辉．集成化物流——理论与方法［M］．北京：经济管理出版社，2005．

［34］田茂利，王颖．BPR 的阶段性与企业规模的动态性［J］．现代管理科学，2003（12）：12－15．

［35］何紫薇．BPR 工具的比较与分析［J］．现代管理科学，2003（7）：36－38．

［36］王丽娜．BPR 在企业采购计划中的应用研究［J］．商场现代化，2003（7）：22－24．

［37］潘虹艳，黄小原，刘兵．BPR 在宝钢益昌流程的应用分析［J］．企业信息化，2005（1）：58－60．

［38］潘国友，陈荣秋．企业流程再造结果的评价［J］．科技进步与对策，2003（10）：126．

［39］DONG XINYU，LI HUAIZU. Business process re－engineering in electronic commerce ［C］. 2001 International Conference on Commerce Engineering：New Challenges for Global Manufacturing in the 21st Century，Xi'an，2001．

［40］周振．实施 ERP 系统的关键要素分析［J］．商业研究，2005（4）：13－19．

［41］国分村生，安田素郎，入月克己．原料场地作业计划系统的开发［J］．川崎制铁技报，1997，29（1）：16－20．

［42］海峰．管理集成［M］．北京：经济管理出版社，2003．

［43］［苏］瓦·尼·萨多夫斯基．一般系统论原理［M］．贾泽林，刘伸，王兴成，等，译．北京：人民出版社，1984．

［44］魏宏森，曾国屏．系统论—系统科学哲学［M］．北京：清华大学出版社，1995．

［45］古口志信．新综合物流管理［J］．钢铁 IE，1994，32（1）：39－50．

[46] 线井正彦. 制品物流开发 [J]. 钢铁 IE，1991，29（2，3）：71-75.

[47] 施平，陈仁华. 宝钢前向供应链管理的实践 [J]. 宝钢技术，2003（8）：30-34.

[48] 杨立波，庄新田，黄小原. 宝钢技术经济发展公司供应链管理的模式设计 [J]. 东北大学学报（自然科学版），2003（4）：33-36.

[49] 韩乐. 钢铁企业发展第三方物流的思考 [J]. 物流技术，2004（11）：21-26.

[50] 瞿熙鼎，史美伦. 现代钢铁企业物流技术的理论探讨 [J]. 钢铁，2002（12）：26-29.

[51] 王雨田. 控制论、系统科学与哲学 [M]. 北京：中国人民大学出版社，1986.

[52] 陈荣. 钢铁企业矿石物流一体化管理模式研究 [C]. 物流工程分会第七界学术年会暨分会换界大会——物流工程与中国现代经济，文章编号 07014.

[53] 强伟，黄小原. 首钢 ERP 实施成功因素的实证分析 [J]. 钢铁，2006（1）：12-15.

[54] 何明珂. 物流系统论 [M]. 北京：中国审计出版社，2001.

[55] 蒋国璋. 面向钢铁流程知识网系统的生产计划与调度模型及其优化研究 [D]. 武汉：武汉科技大学，2006.

[56] 赫尔曼·哈肯. 协同学：大自然构成的奥秘 [M]. 凌复伟，译. 上海：上海译文出版社 2001.

[57] 尹向东. 我国钢铁企业并购中知识转移的影响因素研究 [D]. 重庆：重庆大学，2006.

[58] 赫尔曼·哈肯. 协同学 [M]. 徐锡申，陈式刚，陈雅深，等，译. 原子能出版社，1984.

[59] 刘彩雁. 面向过程集成的钢铁企业质量研究管理 [D]. 大连：大连理工大学，2006.

[60] 王佐. 论物流企业的资源整合 [J]. 物流技术，2003（3）：7-8.

[61] 刘伟华，晏启鹏. 基于核心竞争能力的物流企业客户资源整合研究

［C］. 第二届中国物流学术年会论文集，2003：6.

［62］DONALD J BOWERSOX, DAVID J CLOSS. Logistics Management: The Integrated Supply Chain Process ［R］. New York: McGraw—hill. 1996：8.

［63］奥利费·威谦姆森. 企业制度与市场组织——交易费用经济学文选 ［M］. 上海：上海人民出版社，1996：7.

［64］杜涛. 关于钢铁企业气体污染物减量化研究 ［D］. 沈阳：东北大学，2005.

［65］DONALD J BOWERSOX, DAVID J CLOSS. Logistics Management: The Integrated Supply Chain Process ［R］. New York: McGraw—hill, 1996：228.

［66］RALPH M STAIR, GEARGE W, REYNALDS. Principles of Information systems: a managerial approach ［R］. Third Edition. Thomson, 1998.

［67］ALONSO R L, FRASIER C W. JIT hits home: a case study in reducing management delays ［J］. Sloan Management Review, 1991, 32 (4): 59 – 67.

［68］ANDERSON E G, FINE J C H, PARKER G G. Upstream volatility in the supply chain: the machine tool industry as a case study ［R］. Department of Management, University of Texas, 1997.

［69］GUPTA Y P, GUPTA M. A system dynamics model of a JIT—Kanban system ［J］. Engineering Costs & Production Economics, 1989, 18 (12): 117 – 130.

［70］BARRY FISER. Reengineering your business process ［J］. The Journal of Systems Management, 1996: 34 – 37.

［71］LYNEIS J M. Corporate planning and policy design: system dynamics approach ［M］. Portland: Productivity Press, 1980.

［72］CAKRAVASTIA A, DIAWATIL. Development of system dynamo is model to diagnose the logistic chain performance of shipbuilding industry in Indonesia ［R］. International System Dynamos Conference, Wellington, 1999.

［73］ACKERMAN' S H A. Developing a logistics strategy through participative business modeling ［J］. The Journal of Systems Management, 1990.

［74］ VOS B，ACKERMAN'S H A．Capturing the dynamism of facility allocation ［J］. International Journal of Operations & Production Management，1996，16 （11）：57－70.

［75］ HEFEEZ K M，GRIFFITHS J NAM．System designs of a two－echelon steel industry supply chain ［J］. System Dynamics Review，1996，3 （2）：116－135.

［76］ WILLIAMSAN O E．The economic institutions of capitalism：fimas，markets，relational contracting ［J］. Macmillan，1985：511－512.

［77］ B JOSEPH PINE．Mass Customization：the New Frontier in Business Competition ［J］. Harvard Business School Press，1993：42.

［78］ 张力菠．供应链管理的系统动力学研究综述 ［J］. 系统工程，2004 （6）：45－47.

［79］ 孙东川．系统动力学建模与回归分析在现代物流业中的组合应用 ［J］. 太原理工大学学报，2005 （1）：23－26.

［80］ 刘源．企业物流柔性管理研究 ［J］. 物流技术，2003 （6）：16.

［81］ 王迎军，高峻峻．供应链分销系统优化及仿真 ［J］. 管理科学学报，2002 （10）：36－40.

［82］ STEPHEN HAAG，MAEVE CUMMINGS．James Dawkins：Management Information systems for the Information Age ［M］. McGraw－Mill Companies，Inc，1998.

［83］ MENTZER，JOHN T，JOHN FIRMAN．Logistics Control System in the 21st Century ［J］. Journal of Business Logistics，1994 （6）：215－217.

［84］ HEFEEZ K M，GRIFFITHS J，NAM．System design of a two－echelon steel industry supply chain ［J］. System Dynamics Review，1996，3 （2）：116－135.

［85］ DOUGLAS M LAMBERT，MARTHA C COOPER J D PAGH．Supply Chain Management：Implementation Issues and Research Opportunities ［J］. The International Journal of Logistics Management，1998 （9）：2－3.

［86］ LILEGDON R WILLIAM，MARTIN L DAVID．FACTOR/AIM：

A manufacturing simulation System [J]. Simulation, 1994 (6): 367 - 372.

[87] LALONDE, BERNARD J RICHARD, F POWERS. Disintegration and Reintegration: Logistics of the Twenty—First Century [J]. International Journal of Logistics Management, 1993 (2): 1 - 12.

[88] LAMBERT D M, COOPER D M, PAGH J D. Supply chain management: implication issues and research opportunities [J]. The International Journal of Logistics Management, 1998 (9): 1 - 19.

[89] ROBERT MONCZKA, ROBERT TRENT, ROBERT HANDFIELD. Purchase and Supply Chain Management [M]. South—Western College Publishing, 1998.

[90] KROEHAR D W, WATCOM H J. Computer—based Information system: A Management Approach Indeed [M]. Macmillan Publishing Company, 1987.

[91] STEPHEN MARYEMENT. Intermation Systen for the Intermation Bye [M]. Merani—Hill, 1998.

[92] CHRISTOPHER S SELLAND. The Key to E—business: Integrating the Enterprise [J]. E—business Advisor, October 1999.

[93] PETER O' NEIL, AMRIK S SOHAL. Business Process Reengineering: A review of recent literature [J]. Technovation, 1999 (19): 571 - 581.

[94] RAJALA, MIKKO SAVOLAINEN, TAPANI, et al. Exploration methods in business process re—engineering [J]. Computers in Industry, 1997, 33 (3): 367 - 385.

[95] M A COHEN, H L LEE. Strategic analysis of integrated production distributi—on system: models and methods [J]. Operations Research, 1988, 36 (2): 216 - 228.

[96] 杰里米·夏皮罗. 供应链建模 [M]. 陈光欣, 孙国卓, 译. 北京: 中信出版社, 2005: 3 - 7.

[97] SUBASHINISH GUHA, WILLIAM J KETTINGER, JAMES T C. Business Process Reengineering: Building a Comprehensive Methodology

［J］. Information System Management，Summer 1998.

［98］EUGENE H MELAN. Process Management：Methods for Improving Products and Service［M］. McGraw－Hill Inc. ，1997：10.

［99］M THERESE FLAHERTY OOBAL. Operations Management［M］. Mc Graw－Hill Company Inc. ，1996.

［100］MARTIN CHRISTOPHER. Logistics and Supply Chain Management［M］. Financial. Time/Pitman Publishing，1994.

［101］STOPHEN SLADE. Case－Based Reasoning：A Research Paradigm［J］. AI Magazine，Spring，1991.

［102］李建中. 企业过程再造（BPR）的生命周期方法论（LCM）及其应用［J］. 工业工程与管理，2000（2）：36－38.

［103］高曦，钱燕云. 企业流程再造（BPR）实证研究［J］. 现代管理科学，2005（6）：22－26.

［104］刘舒燕. 基于 BPR 的物流作业流程设计［J］. 武汉理工大学学报，2003（6）：44－46.

［105］郑小讯. 国有企业实施 BPR 的现状及对策研究［J］. 科技创业月刊，2005（1）：91－93.

［106］汪海航. 供应链企业中基于 BPR 的定制 ERP 解决方案研究［J］. 组合机床与自动化加工技术，2002（4）：56－58.

［107］李雾坤，张群. 基于 BPR 的物资管理流程重组［J］. 物流技术，2004（6）：13－16.

［108］杨晓枫. 引入 ERP 优化供应链管理［J］. 物流科技，2001（1）：27－28.

［109］曾斌，乔非. 基于 Petri 网的 BPR 建模方法的研究［J］. 计算机工程与应用，2001（5）：45－48.

［110］罗建华，俄兰青. 国内企业实施 BPR 的内部条件综合评价［J］. 运筹与管理，2003（3）：47－48.

［111］陶虎. BPR 在优化生产流程和生产组织方式中的应用研究［J］. 价值工程，2005（6）：12－15.

［112］COOPER，MARTHA C，LISA M ELLRAM. Characteristics of Supply Chain Management and the Implications for Purchasing and Logistics Strategy［J］. International Journal of Logistics Management，1993（2）：13－24.

［113］陈文明，苏东平. 宝钢供应链管理中的综合销售计划模型［J］. 宝钢技术，2003（5）：46－48.

［114］李庆予，朱宏. 钢铁企业供应链客户订单的组批优化技术研究［J］. 工业工程与管理，2003（8）：28－30.

［115］李庆予，黄小原，刘新宇. 钢铁企业的生产物流管理模式研究［J］. 钢铁，2004（5）：52－57.

［116］HAMMER M. Reengineering work：don't automate，but obliterate［J］. Harvard Business Review，1990：104－112.

［117］HENDRICKS KEVIN B. The output process serial production lines of general machines［J］. Management Science，1993，39（10）：1194－1201.

［118］LANGLEY，JOHN U S. Logistics—The State of Nation［J］. Focus on Physical Distribution and Logistics Management，1993（8）：28－33.

［119］FARLEY Q A. Discovering supply chain management：a roundtable discussion［J］. APICS—The Performance Advantage，1997（7）：38－39.

［120］张敏洪. 一种供应链优化模型探讨［J］. 物流技术，2003（11）：71－74.

［121］曹杰，王红卫. 供应链联合优化数学模型及求解的混合算法［J］. 决策借鉴，2001（10）：31－33.

［122］管曙荣，张伟，黄小原. 供应链优化的有效手段［J］. 东北大学学报，2004（1）：18－20.

［123］刘莉萍. 供应链管理下的业务流程再造策略分析［J］. 中国科技信息，2005（10）：13－16.

［124］SPRAGUE R，H JR PECISION. Support System：Patting Theory into Practice［M］. Prentice Hall Inc，1993.

［125］杨宇航. KSIM 系统动力学仿真方法应用分析［J］. 系统工程理论

方法应用，2001（12）：35－37.

［126］刘振元，郭敏，费奇. 供应链的分类法研究［J］. 科技进步与对策，2004（10）：167.

［127］蓝庆新. 全球化时代供应链管理的发展和启示［J］. 北京工商大学学报，2003（9）：27－28.

［128］RICHARD B，CHASE NICHOLAS J，AQUILAMO F. Production and Operations Management：Manufacturing and Services［M］. MC Graw－Hill Companies，1998.

［129］ANDREW BLATHERWICK. The supply chain balancing－stock and service at a profit［J］. Logistics Information Management，2001（9）：24－26.

［130］FLIEDNER G，VOKURKA R J. Agility：competitive weapon of the 1990s and beyond［J］. Production and Inventory Management Journal，1997（3）：19－24.

［131］ZAIRI M. Supplier partnerships for effective advanced manufacturing technology implementation proposed model［J］. Integrated Manufacturing Systems，1998（9）：109－119.

［132］BAYCE. Understanding Window 95［M］. New Riders Publishing，1994.

［133］FREDERICK N WU. Accounting Information System Theory and Practice［M］. MC Graw－Hill Book Company，New York，1994.

［134］LISA WILLIAMS WALTON. The ABC's of EDI：The Role of Activity－Based Costing（ABC）in Determining EDI Feasibility in Logistics Organizations［J］. Transport Journal，Fall，1995.

［135］DAVID KOSIUR. Understanding Electronic Commerce［J］. Microsoft Press，1997.

［136］LISA H HARRINGTON. Using the Net to Stay Competitive［J］. Transportation & Distribution，May，1999.

［137］OMAR A EI SAWY，HAAS. Competence and impact of tools for BPR［J］. Information & Management，1999（36）：301－311.

［138］YAN DONG，KEFENG XU. A supply chain model of vendor managed inventory [J]. Transportation Research, Part E, 2002 (38): 75 - 79.

[139] MCHICAL HAMMER. Reengineering the Corporation [J]. Howard Business School Press, 1998.

[140] SMITH, WILBUR I. Strategic alignment approach for effective business process reengineering: Linking strategy, processes and customers for competitive advantage Lock Amy [J]. International Journal of Production Economics, 1997, 50 (2): 141 - 153.

[141] ZHANG F, CHEN Y L. Application of ABC (activity based costing) method in BPR [J]. Journal of Tsinghua University, September, 2000, 40 (9): 104 - 108

[142] KIM, HEE－WOONG (Korea), KIM. Young－Gul Dynamic process modeling for BPR: a computerized simulation approach [J]. Information & Management, Feb, 1997, 32 (1): 11 - 13.

[143] 王俊杰, 沈峰. 钢铁企业信息技术支持和流程再造 [J]. 兰州学刊, 2004 (4): 16 - 19.

[144] 陆颖, 郭亚军. 钢铁企业业务流程再造方法 [J]. 管理天地, 2005 (6): 45 - 46.

[145] 张新龙. 基于流程仿真的 BPR [J]. 计算机仿真, 2003 (2): 13 - 15.

[146] 朱友芹. 基于全生命周期的企业流程再造模型框架 [J]. 工业工程, 2002 (2): 45 - 46.

[147] 黄丽华. 企业过程的定义及辨识方法 [J]. 系统工程学报, 1997 (3): 16 - 19.

[148] 任义权. 企业 BPR 实施过程中的风险分析 [J]. 价值工程, 2004 (8): 34 - 36.

[149] 张剑芳. 系统动力学在物流系统中的运用 [J]. 物流技术, 2004 (5): 42 - 45.

[150] 尤安军, 庄玉良. 系统动力学在物流系统分析中的应用研究 [J]. 物流技术, 2004 (4): 12 - 15.

[151] RCHIE LOCK AMY, WILBUR I SMITH. A strategic alignment

approach for effective business process Reengineering：Linking strategy processes and customers for completive Advantage ［J］. International Journal of J. Production Economics，1997（50）：141－153.

［152］M G MARTINSONS. Radical Process Innovations using information technology：The Theory. The practice and the future of reengineering ［J］. International Journal of Information Management，1995，15（4）：253－269.

［153］郝应光，王加强，刘晓冰. 基于价值链的钢铁企业物料采购策略研究［J］. 组合机床与自动化加工技术，2004（7）：20－22.

［154］A J CLARK，H SCARF. Optimal policies for a multi－echelon inventory problem ［J］. Management Science，1960，6（4）：475－490.

［155］LI QING，MA NING－YU，CHEN YU－LIU. Organizational transformation methods study for BPR ［J］. Computer Integrated Manufacturing Systems，2002，8（3）：207－212.

［156］高振，唐立新，常瑛琦. 钢铁企业物流研究概述 ［J］. 控制与决策，2001（1）：51－57.

［157］FULLER LOVE N，COOPER J. How information technology shapes strategy in the digital economy ［J］. Stahlund Eisen，1999.

［158］周威，常显奇. 系统动力学基术理论仿真平台的开发与应用 ［J］. 指挥技术学院学报，2001（6）：22－26.

［159］KUENG P，KAWALEK P. Goal－based Business Process Models：creation and evaluation ［J］. Business Process Management Journal，1997.

［160］陈志祥，马士华，陈荣秋. 敏捷化供应链系统的分析，设计与重构［J］. 管理工程学报，2001，15（1）：1－4.

［161］马士华，林勇. 供应链管理 ［M］. 北京：高等教育出版社，2003.

［162］刘志学，徐天亮. 集成化物流管理初论 ［J］. 中国流通经济，1999（3）：9－11.

［163］舒辉. 论集成化物流的组织结构 ［J］. 科技进步与对策，2004（5）：100－102.

［164］刘志学. 现代物流手册 ［M］. 北京：中国物资出版社，2001.

[165] 刘志学，许泽勇．基于非对称信息理论的第三方物流合作博弈分析 [J]．中国管理科学，2003 (5)：81-88．

[166] 刘志学，龚凤美．关于大规模定制物流的思考 [J]．物流技术，2003 (1)：9-11．

[167] 马士华，王福寿．时间价格敏感型需求下的供应链决策模式研究 [J]．中国管理科学，2006，14 (3)：13-19．

[168] 马士华，杨文胜，李莉．基于二层规划的供应链多阶响应周期决策模型 [J]．计算机集成制造系统—CIMS，2002，8 (12)：960-964．

[169] 刘英姿，陈荣秋，徐硌．柔性的概义及其控制模型 [J]．机械与电子，2002 (1)：46-48．

[170] 李丹，顾海波，陈荣秋．在 Internet 环境下的 MRP [J]．科研管理，2001 (1)：21-14．

[171] 海峰．企业管理集成的理论和方法 [D]．武汉：武汉理工大学，2001．

[172] 霍国庆．企业信息资源集成管理 [J]．情报学报，2001 (1)：29-30．

[173] 陈菊红，孙林岩，汪应洛．适应知识经济的时代变化特征的灵捷虚拟企业 [J]．工业工程，2001 (2)：5-9．

[174] 费奇，等．信息系统集成的现状与未来 [J]．系统工程理论与实践，2001 (3)：76．

[175] 石双元，张金隆，蔡淑琴．企业信息资源集成管理的若干问题 [J]．计算机工程与应用，2001 (3)：54-56．

[176] 崔南方，陈荣秋．ERP 系统的选型与实施 [J]．科研管理，2001，22 (5)：75-78．

[177] 胡汉辉，刘怀德．流程重组的多维性：中国企业变革的特点 [J]．科研管理，2002 (1)：42-45．

[178] 徐雨森，张宗臣．基于技术平台理论的技术整合模式及其在企业并购中的应用研究 [J]．科研管理，2006 (7)：168-170．

[179] 孙长东．ERP 管理思想及其实施风险分析 [J]．管理世界，2002 (8)：143-144．

［180］杨海蔚，董安帮．供应链管理中的信息集成［J］．工业工程，2002（5）：26-30．

［181］惠智．关于企业流程再造的几点体会［J］．管理科学文摘，2004（17）：14-16．

［182］王晓，刘晋．基于供应链的业务流程重构［J］．商业研究，2003（10）：1-3．

［183］高良谋．购并后整合管理研究［J］．管理世界，2003（12）：31-35．

［184］吴士亮，陈鹏．企业资源计划，供应链管理和客户关系管理的整合研究［J］．经济管理，2003（24）：74-77．

［185］上官绪红．企业集聚的内在动因与对策［J］．企业活力，2003（9）：34-35．

［186］刘蕾，等．业务流程重组和知识管理的互动关系研究［J］．经济问题探索，2003（10）：60-62．

［187］周妮．企业业务流程设计与再造［M］．北京：中国纺织出版社，2005．

［188］吉尔里·A．拉姆勒（Geary A Rummler），艾伦·P．布拉奇（Alan P Brache）．绩效改进［M］．朱美琴，彭雅瑞，等，译．北京：机械工业出版社，2005．

［189］邱国栋．当代企业组织研究［M］．北京：经济科学出版社，2003．